O DIÁLOGO ENTRE O ENSINO E A APRENDIZAGEM

COLEÇÃO CHÃO DE ESCOLA

PRÁTICAS PARA UMA EDUCAÇÃO TRANSFORMADORA

Coordenada por Ana Carolina Carvalho

A coleção Chão de Escola reúne livros que partem da experiência viva de educadores e educadoras, e que dão lugar às vozes, gestos e inscrições das crianças em seus processos de aprendizagem, registrando práticas transformadoras que se constroem no cotidiano escolar.

O DIÁLOGO ENTRE O ENSINO E A APRENDIZAGEM

TELMA WEISZ

COM A PARTICIPAÇÃO
DE ANA SANCHEZ

editora
Peirópolis

EDITORA
Renata Farhat Borges

EDITORA ASSISTENTE
Ana Carolina Carvalho

ASSISTENTE EDITORIAL
Nicoll Siqueira

REVISÃO
Mineo Takatama

CAPA
Márcio Koprowski a partir de inscrições de crianças

EDITORAÇÃO ELETRÔNICA
Elis Nunes

Dados Internacionais de Catalogação na Publicação (CIP)
de acordo com ISBD

W433d Weisz, Telma

O Diálogo entre o ensino e a aprendizagem / Telma Weisz, . – São Paulo : Peirópolis, 2025.

152 p. ; 13,5cm x 20,5cm. – (Chão de Escola ; v.1)

Inclui bibliografia.

ISBN: 978-65-5931-436-2

1. Educação. 2. Ensino. 3. Aprendizagem. I. Sanchez, Ana. II. Título. III. Série.

2025-3763 CDD 370
CDU 37

Elaborado por Vagner Rodolfo da Silva - CRB-8/9410

Índice para catálogo sistemático:
1. Educação 370
2. Educação 37

Editado conforme o Acordo Ortográfico da Língua Portuguesa de 1990.
Disponível na versão digital no formato ePub (ISBN 978-65-5931-437-9)

4ª edição, 2025

Editora Peirópolis Ltda.
R. Girassol, 310F – Vila Madalena
São Paulo – SP – 05433-000
tel.: (11) 3816-0699 – cel.: (11) 95681-0256
vendas@editorapeiropolis.com.br
www.editorapeiropolis.com.br

FSC
MISTO
Papel
FSC® C044162

A educação, qualquer que seja ela, é sempre uma teoria do conhecimento posta em prática.

Paulo Freire

PREFÁCIO

Uma nova edição do livro *O diálogo entre o ensino e a aprendizagem*, de Telma Weisz, é motivo de comemoração para todos os que defendem a missão original e irrenunciável da escola de formar leitores e escritores críticos e competentes, bem como para todos aqueles que lutam para assegurar o direito a uma participação autônoma nas culturas do escrito.

A nova edição é recebida com uma alegria política e é mais uma oportunidade para manifestarmos a nossa gratidão profunda por esta obra que vem ajudando a formar tantos educadores no país.

No entanto, não é motivo de alegria constatar que lá se vão 26 anos do lançamento da primeira edição deste livro (1999) e os desafios em relação à alfabetização das crianças no nosso país permanecem. Telma nos alertou há muito tempo sobre a importância da formação de professores e da continuidade das políticas públicas na área da Educação. Ela também nos mostrou que, quando a escola assume a sua responsabilidade social de ensinar, garantindo as melhores condições para a aprendizagem da leitura e da escrita, o acesso a livros de variados gêneros e a interação qualificada dos professores com as ideias dos estudantes, o resultado aparece em sua melhor forma – na aprendizagem das crianças.

O estudo e a interpretação das pesquisas científicas relacionadas à psicogênese da língua escrita forneceram subsídios para a construção de conhecimentos didáticos fundamentais para orientar saberes e práticas dos professores dos anos iniciais no processo de alfabetização plena de todas as crianças brasileiras.

Ao conectar o ensino e a aprendizagem como âmbitos interdependentes, Telma nos adverte de que "ensinar" não é um verbo intransitivo e de que, ao ensinar, ensinamos algo a alguém. Portanto, importa o objeto de ensino – o que é ensinar a ler e a escrever? O que, de fato, ensinamos? E o sujeito da aprendizagem: quem é? Que experiências de vida teve? O que já sabe? O que pensa? O profundo respeito à criança, o interesse por ela e a certeza de que todas podem aprender constituem a matéria-prima deste livro, o que o torna um clássico no campo da formação de professores alfabetizadores.

Vivemos uma movimentação permanente na Educação na tentativa de fazer uma escola mais competente para a atualidade. Consideramos o que os tempos atuais demandam e revisamos metodologias, práticas, currículos, avaliações. No entanto, nem tudo carece de revisão. Pelo contrário, algumas ideias passam a ser ainda mais estruturantes e só se fortalecem com o tempo. Este livro é todo feito de conteúdos essenciais, que não envelhecem, se mantêm fundantes para as práticas escolares atuais, como, por exemplo:

1. Para promover novas aprendizagens, é importante que o professor enxergue o que o aluno já sabe, a partir do que ele produz, reconhecendo suas potencialidades desde o início da escolaridade.
2. Aprender é um direito (não é nem luxo, nem obrigação) e a escola assume a responsabilidade pela condição formadora para uma participação social mais autônoma.
3. Aprende-se na presença do outro, com o olhar do outro.
4. Aprender é enfrentar dilemas, contradições que pedem respostas, que, de forma natural ou artificial, nos perturbam.
5. Todo o ensino se apoia em uma concepção de aprendizagem – concepção do professor que se expressa em seus atos.

A leitura desta obra nos leva a entender por que, e de que forma, Telma fez dos anos iniciais do Ensino Fundamental de todas as escolas públicas brasileiras a sua sala de aula. Tornou-se a segunda docente de cada professor alfabetizador deste país, colocando-se ao lado de cada um deles e colaborando para a compreensão de como as crianças constroem ideias sobre a escrita e o que significam suas primeiras grafias. Ao contribuir para a construção desses novos observáveis, abriu o caminho para o encantamento com as ideias originais das crianças; onde antes viam falta de conhecimentos e ausência de saberes passaram a ver pensamentos inteligentes.

Agradecemos e celebramos a potência formadora deste livro e o trabalho incansável de Telma Weisz em deixar as marcas mais profundas e duradouras na vida de tantos educadores e crianças. Marcas que falam de liberdade, de uma posição amorosa, ao reconhecer as forças das crianças e mirar uma sociedade mais justa e menos desigual.

BIA GOUVEIA E REGINA SCARPA

SUMÁRIO

Nota introdutória 12

1. Meu batismo de fogo 17

2. Um novo olhar sobre a aprendizagem 28

3. O que sabe uma criança que parece não saber nada 50

4. As ideias, concepções e teorias que sustentam a prática de qualquer professor, mesmo quando ele não tem consciência delas 69

5. Como fazer o conhecimento dos estudantes avançar 80

6. Quando corrigir, quando não corrigir 99

7. A necessidade e os bons usos da avaliação 110

8. O desenvolvimento profissional permanente 134

Bibliografia – Para saber mais sobre a concepção construtivista psicogenética e sobre o processo de aprendizagem das crianças 152

A autora 158

NOTA INTRODUTÓRIA

Apesar de não ser um procedimento habitual, gostaria de informar o leitor sobre as condições em que esta obra foi produzida. Em 1996, quando Ana Rosa Abreu me pediu um livro dirigido aos professores sobre as questões do ensino e da aprendizagem, eu estava impossibilitada de escrevê-lo: trabalhava em minha tese de doutorado, na reta final, e no limite do prazo. No entanto, o convite para a escrita fazia muito sentido e viabilizaria uma tarefa que me soava madura já havia algum tempo: pôr no papel as ideias em torno das quais eu vinha realizando meu trabalho como formadora de professores durante os 25 anos que antecederam a primeira edição deste livro.

Paralelamente, a jornalista Ana Sanchez e eu vínhamos acalentando a ideia de fazermos um livro-entrevista, projeto que teve origem nas várias entrevistas que ela fez comigo para a revista *Nova Escola* e para o jornal *Diário do Grande ABC*. Essas conversas, que costumavam durar horas, geraram um material muito interessante, do qual se aproveitava, em função da natureza das publicações, uma parcela pequena. Juntando o desejo daqui com a solicitação dali, acabei me comprometendo com a tarefa de ditar um livro, isto é, dar uma enorme entrevista sobre o tema e editá-la.

Este livro acabou se tornando testemunho das ideias que defendo: transformou-se em uma produção a muitas mãos. Algumas de minhas antigas alunas, companheiras de viagem, se dispuseram a um mutirão para dar materialidade didática ao meu trabalho, focado nas ações e reflexões desenvolvidas na e a partir da sala de aula. Seus relatos, assinados, foram enxertados ao longo do livro, mas elas fizeram muito mais do que aparece em seus depoimentos. Quero deixar aqui expressa minha gratidão a todas elas, em especial a Rosaura Soligo – minha companheira na elaboração dos Parâmetros Curriculares Nacionais de Língua Portuguesa de 1a a 4a séries (documento publicado em 1997 pelo Ministério da Educação (MEC/SEF) –, que ao longo de anos registrou com precisão e cuidado extraordinários tudo o que se passava em nossos grupos de formação e permitiu o uso dessas anotações para somar ao texto da entrevista o detalhamento que se fazia necessário. Assim como a boa pedagogia, esse trabalho resultou em uma produção coletiva, apesar de serem de minha inteira responsabilidade suas fragilidades e imperfeições.

O tema deste livro trouxe alguns aspectos essenciais das mudanças na educação/alfabetização, tanto na compreensão do processo de ensino, quanto na do processo de aprendizagem, vistos sob a ótica construtivista. Apesar de a maior parte dos exemplos de situações de ensino e de aprendizagem ser de língua escrita, este não é um livro apenas sobre as questões do ensino e da aprendizagem desse conteúdo. Trata-se somente de um viés inevitável, considerando a minha trajetória profissional. Outra característica desta obra é que os mesmos conteúdos aparecem, com frequência, mais de uma vez, em diferentes situações e em diferentes níveis de profundidade. Essa é a forma que consideramos mais adequada para abordar conteúdos complexos.

TELMA WEISZ

***

Passadas quase três décadas de sua publicação, a obra *O diálogo entre o ensino e a aprendizagem* permanece atual tanto no marco teórico que fundamenta a prática de alfabetização construtivista psicogenética quanto pelas reflexões e propostas didáticas que apresenta. Trata-se de um livro que continua oferecendo aos professores respaldo e parceria para enfrentar os desafios encontrados na gestão das aprendizagens nas salas de alfabetização, realidade vivida por grande parte dos educadores brasileiros.

Seu propósito é contribuir para que o professor construa um olhar mais solidário e informado sobre o processo de ensino e de aprendizagem dos estudantes. Nesse sentido, permitir-se levar pela tecedura e entrelaçamento das ideias pode ser um caminho fértil e interessante para ampliar compreensões e repensar as práticas.

1

MEU BATISMO DE FOGO

Fiz o curso Normal[1] no Instituto de Educação do Rio de Janeiro. Até hoje não sei exatamente por quê, mas aos 10 anos de idade havia decidido que, depois do ginásio, faria o Normal. Provavelmente porque gostava da minha professora do primário.

Ao longo do curso, quis sair. Uma das razões é que estava muito envolvida em outros interesses, sobretudo em artes plásticas; outra é que o curso me parecia fraco e desinteressante. Mas meus pais me convenceram do contrário. Diziam que, se eu quisesse, faria depois uma faculdade em outra área, mas que o importante era, aos 18 anos, já ter uma profissão. Coisa de imigrante. Meu pai costumava repetir que, se aos 18 anos não tivesse uma profissão – e ele tinha –, sua família teria passado um mau pedaço, porque havia perdido tudo o que possuía.

Fiquei. Mas fiz o Instituto de Belas Artes (atual Escola de Artes Visuais do Parque Lage) ao mesmo tempo, durante dois anos.

1 Também conhecido como Magistério, Normal era um curso de formação profissional de nível médio destinado a formar professores para a Educação Infantil e os anos iniciais do Ensino Fundamental.

Em 1962, quando cursava o último ano do Normal, a repetência fabricada pelas escolas finalmente ultrapassou os limites: não havia mais vagas na 1ª série para os novos estudantes. O governador tomou então três providências: aprovou as crianças por decreto – e foi todo mundo para a 2ª série, soubesse ou não ler –, montou escolas de madeira, com telhado de zinco, horrorosas, e convocou todas as normalistas que estavam no último ano do curso para dar aulas. Assim, lá fui eu para uma escola, onde me confiaram uma classe de estudantes que tinham entre 11 e 12 anos e que, depois de terem repetido várias vezes a 1ª série, haviam passado para a 2ª por decreto. Quando eles faziam fila, na entrada, para cantar o hino nacional – porque essas coisas se usavam, naquela época –, os estudantes da minha turma eram os mais altos e de outra cor. Dos 45 estudantes, apenas três não eram negros.

Não eram todos analfabetos. Mas isso não significa que pudessem ser considerados alfabetizados. Nós, professores, não estávamos preparados para lidar com crianças que, ainda tateando na leitura, produziam escritas fora dos padrões convencionais. Eu percebia que alguns meninos sabiam escrever alguma coisa e que outros só copiavam; esses, para mim, eram uma incógnita. Tinha algumas ideias genéricas sobre o fato de que todas as crianças eram capazes de aprender e de que havia técnicas para ensinar. Passei a empregá-las. E não demorei a perceber que havia coisas inteiramente absurdas acontecendo e que eu não tinha como me assenhorear do que estava fazendo. As situações que criava em classe demandavam que o professor cumprisse determinados passos, e eu os cumpria. As crianças colaboravam muito, faziam tudo o que eu mandava, mas, na verdade, eu não compreendia o que resultava daquilo, era como se estivesse apenas preenchendo o tempo de aula.

Não conseguia avaliar o resultado do trabalho, nem o que devia esperar das propostas que punha em prática. No curso

Normal havia aprendido apenas uma sequência de atos cegos para realizar – agora o professor faz isso, depois aquilo, depois aquilo –, sem compreender que efeito esses atos causariam. Isso me levou a viver inúmeras situações que me deixaram confusa e impotente – como esta, que foi um momento de crise para mim: muitos meninos e meninas da minha classe trabalhavam; os meninos, quase todos. Eram favelados e faziam carreto na feira, vendiam balas na porta do cinema, batiam carteiras. Um deles, por exemplo, dormia muito na aula porque era gandula no Tênis Clube. Acordava às 4 horas da manhã, ia para lá, depois ia a pé até a escola, que era muito longe. Inseridos na vida prática, eles faziam trabalhos que exigiam o desenvolvimento de operações matemáticas.

No domingo, eu ia ao cinema, e na porta sempre encontrava um menino que era meu aluno vendendo balas. Eu comprava. Dava uma nota de 50 para comprar um saco de balas que custava 17, e ele nem piscava. Fazia a conta mais rápido do que eu e dava o troco na mesma hora: 3 para fazer 20, depois mais 10, para fazer 30, e seguia até chegar aos 50, como faz todo mundo que dá troco. Na segunda-feira eu botava na lousa um problema do tipo "João tem 5 figurinhas, comprou mais 3, quantas figurinhas João tem?" e essa mesma criança me perguntava: "Fessora, é de mais ou é de menos?"

Aquilo me deixava perplexa. E eu argumentava: "Mas você não sabe? Se eu te der tanto e depois te der mais tanto..." Ele respondia: "Sei". "E por que aqui você não sabe?"

Lamento muito não tê-las registrado na época, mas lembro que essas situações revelavam para mim o abismo que existia entre o desempenho desses meninos na escola e o que a vida lá fora exigia deles. Depois que me mudei para São Paulo, e em outras circunstâncias, encontrei também situações absurdas desse tipo. Como a de um menino de 12 anos, que ganhava a vida fazendo pipas e havia sido reprovado numa classe que só fazia coordenação motora. Diziam que ele não aprendia a ler porque não tinha coordenação motora. Como pode alguém que vive de fabricar pipas não ter coordenação motora?

A sensação de que a escola parecia uma armadilha montada para que esses meninos não pudessem se sair bem e a convicção de que esse tipo de situação tinha um papel político muito importante me perseguiram durante toda a minha vida profissional. Para mim, aqueles meninos eram uma representação da classe dominada, nos termos que se usavam na época. E eu – que buscava na história e na política elementos para entender como era possível que a maioria da população fosse dominada pela minoria –, naquele momento, me dei conta de que a escola desempenhava um papel central nessa possibilidade. Compreendi que a percepção que as crianças tinham do que mereciam no mundo era marcada pela sensação de fracasso pessoal que a escola construía para elas. Que a capacidade de brigar pelos seus direitos era determinada ali – seja porque sem boas condições intelectuais é difícil sair da miséria, seja pelo fato de que, se você acha que é o culpado do seu fracasso escolar, certamente vai ser mais fácil se conformar em ser culpado do seu fracasso econômico.

Ficava muito impressionada também – porque na época eu conversava com muitas mães, apesar de isso não ser costume na escola – com a visão que elas tinham dos próprios filhos. Não achavam que fosse natural eles passarem de ano e terem sucesso na escola, já que essa era uma sorte reservada a apenas alguns. E aceitavam facilmente a ideia de que seus filhos não eram capazes, diziam mesmo que eles não tinham boa cabeça para o estudo. Muitas deixavam claro que eu podia bater neles para ver se estudavam. Eu ficava profundamente chocada. Enquanto uma mãe de classe média faria um escarcéu se alguém encostasse o olho torto no filho dela, a mãe pobre chegava até a professora e, para ganhar sua simpatia, dizia que podia bater em seu filho. Para uma mocinha com a cabeça cheia de idealismo e de um marxismo de manual, isso tinha um impacto enorme.

Esse foi o meu batismo de fogo, e fez que eu me afastasse durante os doze anos seguintes da educação. Penso hoje que a experiência com esses meninos está na origem de tudo o que fiz depois e do rumo que minha vida profissional tomou. Ao trabalhar com eles, pude ter uma dimensão da realidade que minha condição de adolescente de classe média não me havia permitido antes. Era uma garota ainda, com muito envolvimento político – do tipo que se tinha naquela época, nos anos 1970, em plena ditadura militar, algo que ficava entre o ativismo estudantil e a militância política –, me achava muito sabida e nunca havia defrontado com uma situação tão aguda de fracasso. Pois foi assim que a vivi: como um fracasso terrível, que me deixou, no final do ano, fisicamente doente de tão deprimida.

Mas a sensação mais profunda que me ficou ao sair dessa experiência foi a de ignorância. Durante esse ano foi se tornando extraordinariamente nítido para mim que as informações e ideias que circulavam na educação não davam conta do problema do ensino. Um professor não era alguém que soubesse o que estava fazendo na sala de aula, e fazer direitinho tudo o que havia aprendido no curso Normal não lhe garantiria bons resultados. Na verdade, o professor era um cego. Seguia um conjunto de rituais com a esperança de que, lá no fim, as crianças demonstrassem ter aprendido. Mas de que maneira o que ele fazia afetava ou não o aprender das crianças, isso era completamente desconhecido.

Formada no Normal, supunha-se que a professora deveria aprender um conjunto de procedimentos para realizar sua tarefa de ensinar. Tínhamos aulas de metodologia da linguagem, da matemática, das ciências, dos estudos sociais. Essas metodologias eram um conjunto de práticas que aprendíamos e deveríamos reproduzir com nossas crianças. Saíamos da escola menos preparadas que um mecânico, a quem se ensina a apertar esse parafuso e soltar aquele, mas que tem de conhecer muito bem o motor com o qual está trabalhando, para compreender o que se modifica lá quando se mexe aqui ou ali.

Antes que esses insucessos começassem a me acontecer na prática, eu já tinha uma intuição deles. Quando começamos a ter metodologia, no 2º ano do curso Normal, me pus alerta. Procurei minha professora de psicologia do desenvolvimento, a dra. Iva Waisberg Bonow – que possuía uma formação acadêmica sólida e prestígio no Rio de Janeiro –, para conversar. Disse-lhe que não compreendia o porquê daquelas orientações. Ela me recomendou ler Piaget[2] – em francês, pois não havia nada dele publicado em português. Como tinha uma boa formação em língua francesa, do antigo Ginásio, hoje Ensino Fundamental, pus-me a ler. Lembro-me de ter tido uma dificuldade enorme para entender, e o que me sobrou naquele momento foi a ideia de que era importante trabalhar em grupos, que as crianças deviam ter a possibilidade de trocar ideias com os colegas. Mas eu olhava essas ideias apenas do ponto de vista da formação da sociabilidade, da moralidade, de uma questão política, que era privilegiar o desenvolvimento da cooperação, em vez da competição. A grande questão de como é que as pessoas aprendem – e por que,

2 Jean William Fritz Piaget ou, simplesmente, Jean Piaget (1896-1980) foi um biólogo, psicólogo e epistemólogo suíço, reconhecido como um dos mais influentes pensadores do século XX. Pioneiro na defesa de uma abordagem interdisciplinar para a investigação epistemológica, criou a Epistemologia Genética, teoria do conhecimento fundamentada no estudo da gênese psicológica do pensamento humano.

diante de uma mesma situação, uma pessoa pode aprender e outra, não –, sobre isso eu não consegui informação.

Em classe, eu tinha uma relação muito boa com as crianças. Gostava delas, reconhecia que eram inteligentes e capazes. E elas sabiam que eu não as jogava no fogo – ao contrário, as defendia, quando o resto da escola atacava, porque elas eram a "rapa do fundo do tacho" da escola, as eternas culpadas de qualquer coisa que acontecesse.

Consegui fazer trabalhos interessantes com esses meninos. Desenvolvíamos projetos e minha classe era coberta de material do teto ao chão – de tal maneira que, quando a escola recebia alguma visita, a diretora a levava até lá, para mostrar as crianças trabalhando em grupo, produzindo coisas. Por animação, eu acabava oferecendo muitas oportunidades. Como montar uma peça teatral, com os milhares de coisas que precisavam ser feitas. Tínhamos um acordo: passávamos a metade do período fazendo tarefas escolares e a outra metade preparando "o projeto" – sempre havia um em andamento. Estávamos sempre cheios de entusiasmo, produzindo alguma coisa que no fim ia ficar pronta e ser vista por nós mesmos – não pensávamos em apresentar nada em público, porque nem eu era bem-vista na escola, nem eles.

Talvez eu tenha desperdiçado, todos os dias, duas horas desses estudantes, com as chamadas "atividades escolares". Se eles aprenderam alguma coisa, foi desenvolvendo esses projetos, que eles achavam que era diversão e que eu não sabia bem o que eram, mas sentia que, no mínimo, iam ajudá-los a ser mais cooperativos. Brincava, propunha alguns jogos de construção mais elaborados e percebia que eles se envolviam muito nessas atividades. Fizemos bonecos de teatro, roupas para o espetáculo, cenários, o que aparecesse. Desenhava-se muito também. Por conta da minha própria experiência pessoal como estudante de belas-artes, eu acabava inventando propostas que faziam os estudantes trabalhar com diferentes linguagens. E eles praticamente não faltavam. Eu tinha 45 crianças todos os dias, o que era impressionante. Alguns desses meninos aprenderam. Mas não sei o que aprenderam, nem como aprenderam, acho que aprenderam apesar de mim.

Não lembro exatamente a proporção dos que, no final do ano, foram promovidos para a 3ª série, como se denominava na época o que seria correspondente ao atual 4º ano do Ensino Fundamental. Havia uma prova que eles tinham de fazer no final do período letivo que não era eu quem elaborava nem aplicava. Mas, sem desconsiderar a importância de ajudá-los a passar de ano, a questão central para mim era a minha própria cegueira, a sensação de que eu fazia um trabalho mecânico, que não compreendia, como se fosse o apertador de parafusos do filme *Tempos modernos*, e isso era muito angustiante. Acho que meu ideal de professor era alguém que pensa, uma espécie de intelectual com a mão na massa, capaz de equacionar e propor soluções, e não alguém que é arrastado a fazer coisas que não compreende, nem quando dão certo, nem quando dão errado.

Não consegui descobrir, por exemplo, se as crianças que vi sabendo ler – e que, embora não produzissem as coisas que a escola esperava, eu reconhecia que sabiam ler – tinham aprendido isso comigo ou se já sabiam antes e só passaram a demonstrar que sabiam a partir do momento em que sua ansiedade baixou. Quando um estudante queria escrever *moleque*, por exemplo, e escrevia *muleci*, eu olhava para aquilo e pensava: "Não é que ele não saiba escrever, ele não sabe é escrever certo", enquanto a escola dizia: "Ele não sabe escrever". No entanto, embora reconhecesse como escrita o que ele produzia, não sabia como fazer para que aquele conhecimento que a escola recusava avançasse até um patamar aceitável para ela.

Acho que grande parte dos professoress continua chegando hoje à escola com as mesmas insuficiências com que eu cheguei em 1962. Ele ou ela acaba ganhando experiência e também algum conhecimento de natureza intuitiva, mas, dependendo da formação que recebe, continua tão cego e perdido quanto eu estava. O que mudou, hoje, é a maneira pela qual ele pode, se quiser, tentar resolver essa situação. Por exemplo: durante muitos anos os professores do sistema público, que viviam uma situação semelhante à minha, consolaram-se com a ideia de que uma quantidade enorme de seus estudantes, a cada nova turma, eram crianças com algum tipo de deficiência, por isso é que repetiam e iam continuar repetindo. Eles não conseguiam ensinar a essas crianças, só que pensavam que a culpa não era deles, professores, mas das crianças. Hoje, seria mais difícil sustentar uma afirmação como essa, pois o conhecimento que se desenvolveu sobretudo desde as décadas de 1980 aponta na direção contrária.

O que está à disposição dos professores hoje é um corpo de conhecimentos que, se não dá conta de tudo, pelo menos ilumina os processos através dos quais as crianças conseguem ou não aprender certos conteúdos. Já é possível observar uma situação de sala de aula e interpretar as ações das crianças e do professor com um grau de profundidade que não existia antes. Cada vez mais a concepção que se tem do ato de ensinar desenha o perfil de um professor que reflete enquanto age, pode tomar decisões, mudar rapidamente o rumo de sua ação, interpretar as respostas que os estudantes dão, autocorrigir-se. O entendimento que se tem de um professor hoje é o de alguém com condições de ser sujeito de sua ação profissional. Assim, vai ficando ultrapassada aquela prática educacional na qual alguém pensava procedimentos técnicos, passava-os como um pacote para o professor, que entrava na classe e simplesmente os executava.

Ao final de 1962, e durante os doze anos seguintes, eu fugi da educação. Estudei e trabalhei em áreas completamente diferentes. Mas essas ideias e sentimentos permaneceram guardados dentro de mim, e a verdade é que nenhuma outra atividade dava sentido à minha vida profissional. Então, acabei voltando. Meu compromisso com esses meninos que foram meus estudantes em 1962 está de pé até hoje. E a questão central para mim é, e sempre foi, como é que a gente faz para que essas crianças – que são a maioria das que estão na escola pública – tenham sucesso escolar. Hoje, sou vista como uma especialista em alfabetização, mas, na verdade, nunca tive a intenção de me especializar nisso. Acontece que o primeiro instrumento de fracasso para as crianças da escola pública é que não conseguem aprender a ler. Então me dediquei a entender isso. E, como me dediquei também a estudar o trabalho da dra. Emilia Ferreiro – que abriu uma perspectiva extraordinária nessa área e teve uma importância enorme na mudança da compreensão do papel do professor –, acabei me tornando uma especialista em alfabetização. Mas, na verdade, minha questão é a aprendizagem, em especial a aprendizagem escolar.

2
UM NOVO OLHAR SOBRE A APRENDIZAGEM

Quando comecei a dar aulas, em 1962, a escola supunha que se escrevia "de ouvido". E imaginava que, falando certo, se escreveria certo - embora considerasse normal as crianças cometerem determinados erros, pela existência de algumas regras ortográficas específicas, do tipo "s entre vogais tem som de z". Em decorrência disso, a ortografia de estudante de baixa renda, falante de um dialeto sem prestígio, era relacionada a esse dialeto sem prestígio.

Nessa época, eu já tinha uma abertura que me possibilitava avaliar como conhecimento significativo o fato de a criança ter conseguido escrever, ainda que não ortograficamente. No entanto, muitos outros conhecimentos que as crianças já possuíam, eu, então completamente cega, era incapaz de reconhecer. Não havia conhecimento científico acumulado que me permitisse superar um ponto de vista "adultocêntrico": a forma pela qual se costuma conceber a aprendizagem dos estudantes a partir da própria perspectiva do adulto que já domina o conteúdo que quer ensinar. Dessa forma, não é possível compreender o ponto de vista do aprendiz, pois não se pode "enxergar" o objeto de seu conhecimento com os olhos de quem ainda não sabe.

Quando essa é a perspectiva do professor, ele, do lugar de quem já sabe, define o que é mais fácil e o que é mais difícil para os estudantes e quais os caminhos que eles devem percorrer para realizar as aprendizagens desejadas. Essa concepção frequentemente gera um tipo de procedimento pedagógico que dificulta o processo de aprendizagem para uma parte das crianças, exatamente aquelas que mais precisam da ajuda da escola porque têm menos conhecimento construído sobre os conteúdos escolares.

A adoção dessa postura adultocêntrica não é uma decisão voluntária dos professores. É o ponto de vista que se tende a adotar quando o conhecimento científico disponível no momento ainda não permite a construção de um outro capaz de acolher o olhar, a perspectiva do aprendiz.

Analisando hoje qualquer cartilha, inclusive aquela pela qual minha professora da 1ª série, hoje 2º ano, tentou me alfabetizar, posso ver que aquele material era um conjunto de atividades destinadas a demonstrar que, para escrever um som que produzimos em uma única emissão, como um *pa* ou um *ba*, precisamos de pelo menos duas letras. Isto é, a intenção era demonstrar o funcionamento do sistema alfabético no português.

As cartilhas trabalham com palavras que se dividem em sílabas e, com essas sílabas, depois se constroem novas palavras. É o que se tornou conhecido como método da análise-síntese, ou da palavra geradora.

A METODOLOGIA EMBUTIDA NAS CARTILHAS DE ALFABETIZAÇÃO CONTRIBUI PARA O FRACASSO NA ESCOLA

As pesquisas realizadas nos anos 1970 por Emilia Ferreiro, Ana Teberosky e colaboradoras sobre o que pensam as crianças a respeito do sistema alfabético da escrita – a chamada "psicogênese da língua escrita" – evidenciaram os problemas que a metodologia embutida nas cartilhas cria para muitas crianças. Segundo mostrou a psicogênese da língua escrita[3], em uma sociedade letrada as crianças constroem conhecimentos sobre a escrita desde muito cedo, a partir do que podem observar e das reflexões que fazem a esse respeito. Em busca de uma lógica que explique o que não compreendem quando ainda não se alfabetizaram, as crianças elaboram hipóteses muito interessantes sobre o funcionamento da escrita.

Esses estudos permitiram que compreendêssemos que a metodologia das cartilhas pode fazer sentido para crianças convencidas de que para escrever bastaria uma letra, que para escrever *macaco* seriam necessárias três letras: MCO ou ACO ou MAC... Já para aquelas que ainda cultivam ideias muito mais simples a respeito da escrita, sem sequer estabelecer relação entre o falado e o escrito[4], o esforço de demonstrar que uma sílaba geralmente se escreve com mais de uma letra não faz nenhum sentido. E são exatamente essas as crianças que não aprendem com as cartilhas ou com "fichinhas de

3 Para saber mais sobre as hipóteses que as crianças elaboram sobre a escrita, veja referências bibliográficas, incluindo as mais recentes pesquisas com crianças brasileiras realizadas pela dra. Giovana Zen, professora da Faculdade de Educação da Universidade Federal da Bahia (Faced/UFBA), no fim deste livro.

4 Isso não quer dizer que não houvessem chegado a ponto algum, porque as crianças sempre têm ideias a respeito das coisas com as quais já entraram em contato.

atividade", as que não conseguem se alfabetizar ao longo dos anos iniciais do Ensino Fundamental.

Como as crianças constroem hipóteses sobre a escrita e seus usos a partir da participação em situações nas quais os textos têm uma função social de fato, frequentemente as mais economicamente vulneráveis são as que têm as hipóteses mais simples, pois vivem poucas situações desse tipo. Para elas, a oportunidade de pensar e construir ideias sobre a escrita é menor do que para as que vivem em famílias típicas de classe média ou alta, nas quais as crianças ouvem frequentemente a leitura de bons textos, ganham livros e gibis, observam os adultos manusearem jornais para buscar informações, receberem correspondência, fazerem anotações etc. É comum, por exemplo, crianças de famílias que fazem uso cotidiano da escrita pedirem desde bem pequeninas – e por razões muitas vezes puramente afetivas – a alguém que escreva seu nome, ou receberem da família o seu nome e os de outros parentes por escrito. São situações que lhes permitem perceber que têm um nome e que esse nome se escreve, que as outras pessoas da família têm nomes e que esses nomes também se escrevem. Além disso, costumam ter contato significativo com marcas de produtos, títulos de histórias, escritos de placas... Assim, essas crianças, antes mesmo de entrarem na escola, passam a ter um repertório de palavras conhecidas, isto é, sabem o que elas querem dizer e conhecem a forma convencional de sua escrita. Esse repertório de palavras dá sustentação à sua reflexão, ajuda-as a pensar sobre as características do sistema de escrita e representa uma enorme vantagem quando elas são oficialmente iniciadas na alfabetização. Isso não significa que as crianças provenientes de lares menos favorecidos não tenham acesso à escrita ou não possam refletir sobre seu funcionamento fora da escola. No entanto, como essas práticas habitualmente não fazem parte do cotidiano do seu grupo social de origem, costumam iniciar a escolarização em condições muito menos vantajosas do que aquelas que participam de práticas sociais letradas desde pequenas.

Mas, vindas de famílias economicamente vulneráveis ou não, hoje – como no passado – é muito comum que, mesmo tendo o professor cuidadosamente ensinado a escrever *moleque*, elas escrevam *muleci*. O que o professor vai fazer a partir desse momento – a ação pedagógica que vai desencadear – dependerá, fundamentalmente, de sua concepção de aprendizagem. Porque, tendo ele consciência disso ou não, todo ensino se apoia em uma concepção de aprendizagem. Se o professor imagina o conhecimento como algo que, pela ação do ensino, é oferecido às crianças para que o absorvam tal como ele está dado, obviamente o estudante que escreveu *muleci* não terá aprendido o que ele ensinou. A ideia de que é possível ensinar uma coisa e a pessoa aprender outra é completamente estranha a quem concebe o conhecimento dessa forma. Mas deixarei essa questão para retomá-la mais adiante.

É POSSÍVEL ENXERGAR O QUE A CRIANÇA JÁ SABE A PARTIR DO QUE ELA PRODUZ E PENSAR NO QUE FAZER PARA QUE APRENDA MAIS

O salto importante que se deu no conhecimento produzido sobre as questões do ensino e da aprendizagem já permite que o professor olhe para aquilo que o estudante produziu, enxergue aí o que ele já sabe e identifique que tipo de informação é necessário para que seu conhecimento avance. Isso se tornou possível porque, nas últimas décadas, muitas pesquisas têm ajudado a consolidar uma concepção que considera o processo de aprendizagem como resultado da ação do aprendiz. Nessa abordagem, a função do professor é criar as condições para que o estudante possa exercer a sua ação de aprender participando de situações que favoreçam isso. As ações, nesse caso, não implicam necessariamente atividade física aparente, mas atividade mental, exercício intelectual.

Se olho uma criança que escreve *muleci*, não posso pensar que ela não aprendeu o que eu ensinei. Se o que eu pretendia era que aprendesse o sistema de escrita, devo entender que para escrever *muleci* ela usou inúmeros conhecimentos que já tinha sobre esse sistema em português. Revelou saber, por exemplo, que escrevemos com letras, que essas letras representam sons, que não é qualquer letra que representa qualquer som... E que, provavelmente pela sua experiência de empregar o "c" para escrever *casa* e *cavalo,* considerou que a mesma letra serviria para o "q" de *moleque* – o que tem muita lógica, embora não coincida com a escrita convencional da palavra. Na verdade, o que ela não sabe ainda muito bem é a ortografia. Entre as possibilidades de representação que existem na escrita alfabética em português, ela não sabe exatamente quais são as aceitas pela convenção e quais não, mas suas estratégias foram, sem dúvida, bastante inteligentes.

A questão é que, no momento em que entende que o aprendiz sempre sabe alguma coisa e pode usar esse conhecimento para seguir aprendendo, a professora ou o professor se dá conta de que a pura intuição não é mais suficiente para guiar seu trabalho. Como aconteceu comigo no momento em que reconheci *muleci* como uma escrita incorreta, mas que exprimia um saber. Em 1962, se as crianças da minha turma, para escrever *moleque*, grafassem UEI, MEI ou MLC, ou outras possibilidades dessa mesma natureza (o que provavelmente algumas fizeram sem que eu sequer notasse), mesmo com muito boa vontade e sensibilidade eu jamais poderia reconhecer essas escritas como a expressão de um tipo de saber. Para interpretar adequadamente o que está acontecendo com a aprendizagem das crianças, o professor precisa de um conhecimento que é produzido no território da ciência. Isso porque, na verdade, a gente consegue ver apenas o que tem instrumentos para compreender.

É PRECISO CONSIDERAR O CONHECIMENTO PRÉVIO DO APRENDIZ E AS CONTRADIÇÕES QUE ELE ENFRENTA NO PROCESSO

Cada concepção de aprendizagem produz sua própria linha de investigações. É ela que determina as pesquisas que se fazem e o ponto de vista do cientista que vai se preocupar com as questões estudadas. Na concepção de aprendizagem que se tem chamado de "construtivista" – na qual o conhecimento é visto como produto da ação e reflexão do aprendiz –, esse aprendiz é compreendido como alguém que sabe algumas coisas e que, diante de novas informações que para ele fazem algum sentido, realiza um esforço para assimilá-las. Ao deparar-se com questões que a ele se colocam como problemas, defronta-se também com a necessidade de superação. E o conhecimento novo aparece como resultado de um processo de ampliação, diversificação e aprofundamento do conhecimento anterior que ele já detém. Assim sendo, é inerente à própria concepção de aprendizagem que se vá buscar o conhecimento prévio que o aprendiz tem sobre qualquer conteúdo.

Essa tarefa é um desafio que só pode ser superado com conhecimento científico específico. Por exemplo: a partir da revelação feita pela psicogênese da língua escrita – de que, enquanto se alfabetizam, as crianças passam por um momento em que representam com apenas uma letra os fragmentos sonoros que conseguem isolar na fala –, tornou-se possível considerar MLC ou UEI (para escrever *moleque*) como a expressão de um conhecimento sobre a escrita que precede a compreensão do funcionamento do sistema alfabético.

No momento em que uma criança escreve dessa maneira, ela já sabe que a escrita representa a pauta sonora, que para escrever usamos letras, que não é qualquer letra que serve para escrever, mas ainda não sabe que, quando emite um som do tipo *mu*, a letra *u* não é suficiente para representá-lo. Não sabe que vai precisar diferenciar o *mu* do *bu* e do *tu* e que se usar o *u* para escrever tudo isso, na hora de ler não conseguirá recuperar o que escreveu. Porque uma coisa é ela pensar *mu* e escrever *u*, outra é depois olhar o "u" e conseguir decifrar o que escreveu. Aliás, é muito comum acontecer isso. Crianças com esse tipo de hipótese sobre a escrita muitas vezes escrevem, por exemplo, GATO, PATO e RATO da mesma forma: AO. No entanto, para elas mesmas isso é inaceitável, pois uma das primeiras hipóteses que as crianças constroem sobre o sistema de escrita é a que diz que nomes diferentes não devem ser escritos com as mesmas letras. Nesse descompasso está o grande território das contradições que as crianças têm de enfrentar para superar essa hipótese, que não dá conta da escrita no português (daria se fosse japonês, hebraico, árabe, que são línguas silábicas, e não alfabéticas, como a nossa).

Contradições como essa são a própria condição para a aprendizagem, pois colocam o aprendiz em situações de conflito cognitivo: um conflito que vai gerar necessidade de superação das hipóteses inadequadas através da construção de novas teorias explicativas. Nesses momentos, a atuação do professor é fundamental, pois a conquista de novos patamares de compreensão pelo estudante é algo que depende também das propostas didáticas e da intervenção que ele fizer. O registro de uma professora, preocupada em identificar o conhecimento que existe por trás das hipóteses dos estudantes e em organizar boas situações de aprendizagem, revela como a atenção ao que eles dizem e pensam é condição para perceber os desafios de uma intervenção consequente.

> Foi muito interessante a "hora da história" hoje. Como venho fazendo todos os dias, peguei os livros de que as crianças mais gostam para que escolhessem a história que seria lida. Levantei *O planeta laranja* e perguntei o que estava escrito na capa. Me disseram em uníssono o nome do livro. Pedi que lessem outro e responderam imediatamente: *O lobo e os sete cabritinhos*; depois foi o mesmo com *O segredo do rei*. Mas eu tinha trazido também um novo, que ninguém conhecia – *O sapatinho dourado* –, que tinha na capa a ilustração de uma princesa segurando um sapatinho reluzente. Pedi, da mesma forma, que me dissessem o que estava escrito, e ouvi um coro não tão unânime assim: Cinderela! Algumas crianças pareciam não estar tão certas... O Léo logo disse: Tem muitas letras para estar escrito Cinderela. E logo a Maria Alice exclamou: "É Gata Borralheira!" Passou o dedinho sobre o título e se convenceu. Me deu um branco. O que eu ia fazer? Confirmar que era? Dizer a verdade? Deixar para lá? Por outro lado, não são eles que vão construir esse conhecimento? Me segurei e, muito por não saber o que fazer, não disse nada de imediato. Vi que algumas crianças se detinham com atenção às letras e foram chegando à conclusão de que havia algo errado, pois o que estava escrito começava com O e se fosse *A Gata Borralheira* deveria começar com A.
>
> Ficou claro para mim que cada um poderia estar diante de um desafio diferente naquela situação. Alguns se perturbaram com o fato de que apenas o contexto – no caso a ilustração da capa – não bastava para informar o que estava escrito, outros que já conheciam as letras se incomodaram por não poderem decifrar o que ali se dizia, outros ainda tentavam uma leitura silábica, reconhecendo algumas letras e tentando ajustá-las a *A Gata Borralheira*, desanimando diante da impossibilidade de fazer isso. Em meio a essa discussão o Rafael me pediu para que lesse logo *Cinderela*, referindo-se ao livro que eu havia trazido. Juro que fiquei desconcertada. Para ele o que estávamos discutindo não fazia nenhum sentido. Será que eu não poderia explicar para todos o que alguns já haviam compreendido? Bem, aí eu contei o verdadeiro nome da história e li.

> Devo confessar que não sei muito bem como encaminhar situações desse tipo. Por um lado, acho que estou começando a entender qual a importância desse negócio de botar as crianças para trabalharem juntas e para lerem quando ainda não sabem: dá uma boa confusão, elas se envolvem, pensam, discutem, vejo as coisas que estou estudando sobre a aprendizagem acontecerem ali na minha frente. Mas continuo sem saber como ajudá-las a entender o funcionamento do sistema de escrita. Não consigo ficar tranquila terminando uma atividade que eu propus sem amarrar o que puderam aprender, sem ter clareza do que aprenderam e, pior, sem saber sequer se aprenderam. Preciso discutir o que mais posso propor e como posso intervir.
>
> (Ana Rosa Abreu - Diário de classe)

Todos os estudantes dessa turma terminaram o ano sabendo ler e escrever e foram muitas as atividades que essa professora organizou para que eles pudessem avançar. As situações didáticas que foi propondo às crianças possibilitaram que cada uma fosse se deparando com os limites de suas próprias teorias explicativas. Essas teorias são formas de interpretação não necessariamente conscientes, mas que orientam a ação de quem está aprendendo. Elas vão sendo modificadas nesse embate com a realidade com a qual cada estudante se depara a todo instante, especialmente quando o professor sabe como criar contextos adequados para que isso aconteça.

PARA APRENDER, A CRIANÇA PASSA POR UM PROCESSO QUE NÃO TEM A LÓGICA DO CONHECIMENTO FINAL, COMO É VISTO PELOS ADULTOS

Se o professor quer saber o que alguém que ainda não sabe ler pensa sobre as questões que estão relacionadas ao ato de ler, precisa criar situações específicas. E essas situações têm de demandar que as crianças façam coisas para que ele possa perceber o que pensam através das suas ações. Isso vale para qualquer área do conhecimento. O que pode pensar uma criança sobre o número, por exemplo, tanto do ponto de vista das quantidades quanto dos aspectos notacionais, quando ela ainda não é capaz de realizar operações com números?

Pela perspectiva construtivista, é preciso aceitar a ideia de que nenhum conceito – nem o número, nem a quantidade, nem nada – nasce com o sujeito ou é importado de fora, mas precisa ser construído. E que para isso o aprendiz passa por um processo que não tem a lógica do conhecimento final, já construído. Por exemplo: a um adulto pode parecer absurdo que alguém imagine que uma certa quantidade de bolinhas, quando espalhadas, contenha mais unidades do que quando juntas. Mas é isso o que pensam as crianças pequenas – como mostraram as investigações de Piaget. Essa é uma expressão genuína da lógica infantil: até que tenha construído a noção de conservação das quantidades, a criança, para estimar quantidades, pauta-se pela extensão espacial que os objetos ocupam. No entanto, no momento em que constrói um conhecimento sólido sobre a permanência das quantidades numéricas, ela abandona a lógica anterior e se torna completamente inconsciente do tipo de reflexão que fazia algum tempo antes, mesmo que esse tempo seja de apenas algumas semanas.

Uma vez, quando eu estava trabalhando com professores indígenas no Acre, um deles – que estava se formando para alfabetizar as crianças em sua aldeia e que era recém-alfabetizado –, ao ouvir minha tateante explicação do que era a hipótese silábica, teve uma iluminação. Levantou-se e explicou para os colegas que agora ele entendia por que em seus papéis, desenhados por ele antes de saber ler, escrevia seu nome com três letras: NBT, de Norberto. Se não tivesse ainda os desenhos, provavelmente não se lembraria da forma silábica com a qual grafava o próprio nome. Por sorte, os papéis guardados documentavam seu processo de alfabetização, permitindo-lhe uma consciência dele; de outra maneira, seria impossível.

Algumas situações são privilegiadas para revelar os percursos do conhecimento quando ele ainda está em processo de construção. Certa ocasião, propus uma prova de conservação de matéria a uma menina de 5 anos. Fiz uma bolinha de argila e pedi a ela que fizesse uma igual. Achatei minha bolinha sobre a carteira até adquirir uma forma de panqueca e perguntei: "De nós duas, quem tem mais argila e quem tem menos?" Desconfiada, ela levantou a panqueca que eu havia feito, pegou uma régua e foi raspar a carteira procurando migalhas de argila. Era tão óbvio para essa menina que, se eu não havia tirado nem posto nada, a panqueca com certeza teria a mesma quantidade de argila que a bolinha, que só lhe restou pensar que deveria ter acontecido, no processo, algum acidente que lhe escapara e que justificaria o fato de a panqueca estar com menos argila. Quem sabe tivesse perdido um pouquinho de barro em alguma greta da carteira?

Se para uma menina de 5 anos fica tão apagada a forma como pensava pouquíssimo tempo antes, imagine para nós. Por isso é muito difícil para o professor manter-se dentro de uma visão construtivista se ele não tiver uma postura intelectual a guiá-lo e a lembrar-lhe o tempo todo que o seu olhar não é igual ao olhar da criança, que ele vê o conhecimento de um lugar onde o conhecimento já está construído e que por isso precisa se apoiar no conhecimento científico disponível, única forma de recuperar o olhar de quem está em processo de construção.

Não é à toa que só agora a concepção construtivista de aprendizagem começa a fazer diferença na questão pedagógica da escola fundamental – embora a pedagogia namore o construtivismo desde o começo do século passado. Foram necessários esses anos todos para que se produzisse um conhecimento que pudesse servir de referência a uma prática pedagógica apoiada nessa concepção de aprendizagem. O que mostra que não é verdadeira a ideia de que uma concepção da aprendizagem gera diretamente uma pedagogia de determinado tipo. É condição, mas não é suficiente.

O PRIMEIRO GRANDE SALTO NO CAMINHO QUE PERCORREMOS PARA CHEGAR ATÉ AQUI. E O QUE NÃO DEU CERTO

Nos anos 1920, chega ao Brasil a visão da criança não como um adulto em miniatura, mas como um ser com características cognitivas distintas – uma visão do aprendiz como um ser ativo que constrói seu próprio conhecimento. Eram as ideias da Escola Ativa – aqui chamada de Escola Nova, nome que se deu aos vários movimentos dentro da educação que tiveram como pensadores importantes Dewey[5], Claparède[6], Decroly[7], Montessori[8] e Freinet[9]. Embora tivessem algumas divergências entre si, assumiam todos o mesmo princípio norteador: a valorização do indivíduo como ser livre, ativo e social.

5 John Dewey (1859-1952) foi um filósofo e pedagogo norte-americano. Para ele, a educação não deveria se restringir à transmissão de conhecimentos prontos, mas possibilitar que os saberes e habilidades adquiridos pelos estudantes fossem incorporados à sua vida, tanto como cidadãos quanto como indivíduos.

6 Édouard Claparède (1873-1940), psicólogo e pedagogo suíço, sustentava que a educação deveria se basear no conhecimento da criança e propôs uma "revolução copernicana" na pedagogia, movendo o foco do professor para o estudante.

7 Jean-Ovide Decroly (1871-1932), psicólogo e pedagogo belga, desenvolveu um método de ensino baseado nos interesses da criança e entendia que ela compreende o mundo a partir do todo para depois organizar as partes. Daí derivou o método global de alfabetização, centrado em significados e discursos completos, não em sílabas isoladas.

8 Maria Montessori (1870-1952), pedagoga, pesquisadora e médica italiana, defendia a individualidade, atividade e liberdade da criança, vista como sujeito e objeto do ensino. Para ela, a educação deveria ser para a vida, visando a formação integral do jovem, indo além do mero acúmulo de informações.

9 Célestin Freinet (1896-1966) foi um pedagogo anarquista francês ligado à Escola Nova, cuja atuação nas chamadas Escolas Democráticas e cujas propostas inovadoras continuam a influenciar a educação contemporânea.

Claparède, considerado o pai da Escola Ativa, tinha como premissa que a necessidade é a mola propulsora da ação inteligente. Por essa perspectiva, a criança só aprenderia o que fosse demandado por uma necessidade que se expressaria em interesse: tudo o mais seria imposição. E as coisas só teriam o poder de ser interessantes à medida que correspondessem a uma necessidade do indivíduo em determinado momento. Ficava então a questão, que o próprio Claparède considerava não resolvida: "Como suscitar a necessidade na escola, como fazer germinar na criança o interesse por aquilo que se deseja ensinar?"

Para responder a essa questão, os pensadores da Escola Nova construíram um modelo[10] de ensino que ficou conhecido como "aprendizagem pela descoberta": a escola deveria estimular as crianças a fazerem descobertas, criar situações tais em que pudessem não ser ensinadas, mas realizar aprendizagens por si mesmas. Era uma ideia de autorregulação, no sentido de que as crianças buscariam o conhecimento na medida de suas necessidades – um modelo um tanto quanto amarrado a uma concepção, por assim dizer, biológico-alimentar, como se o conhecimento fosse uma espécie de alimento para o espírito e o aprendiz tivesse a necessidade de sair em busca dele. Evidentemente, um modelo como esse refutava a ideia de decidir *a priori* os conteúdos do ensino. Supunha-se que eles deveriam ser determinados pelo interesse das crianças. A utilização, frequentemente distorcida, dessas ideias acabou por incentivar uma onda de práticas pedagógicas espontaneístas.

Era como se esquecêssemos que a escola constitui uma instituição cuja função social é claramente colocada. Ela não é

10 Estamos utilizando o termo "modelo" em modelo de ensino e em modelo de aprendizagem para explicitar o fato de que se trata de construções teóricas cujo objetivo é interpretar o real sem confundir-se com ele.

uma simples provedora de alimento para o espírito, mas deve formar o cidadão daquele momento histórico, naquele país, naquela circunstância. A sociedade é que decide o que suas crianças e jovens devem aprender.

Ao colocar o foco exclusivamente no processo de aprendizagem, o movimento da Escola Nova deixou de lado o produto dessa aprendizagem. Essa posição derivava, entre outros motivos, de uma crítica bastante pertinente à aprendizagem não significativa, de pura memorização sem sentido. Mas, tentando mudar essa realidade, o que se acabou fazendo foi "entortar a vara para o outro lado": de uma situação em que o estudante deveria receber o conteúdo por pura transmissão, evoluiu-se para uma outra, na qual o conteúdo a ser aprendido deixava de ter importância. A ideia predominante era que o papel do ensino deveria ser o de criar possibilidades para que o estudante pudesse "aprender a aprender", não importava exatamente o quê.

Por não privilegiar os conteúdos escolares, a Escola Nova foi profundamente criticada no Brasil, especialmente nos anos 1970. Seu modelo de ensino não favorecia a inserção das crianças de baixa renda que vinham de casa com uma bagagem cultural que não era a valorizada na escola, no universo da cultura reconhecida socialmente. A escola falhava por não oferecer, a essas crianças, condições de aprendizagem da cultura necessária à cidadania.

Além desse "desinteresse" pelo produto da aprendizagem, os pressupostos da Escola Nova não funcionavam com eficiência para a aprendizagem escolar. As orientações normalmente ficavam no nível das recomendações gerais: é importante trabalhar em grupo, desenvolver a cooperação, a moralidade, a criatividade, estimular a curiosidade. Tudo muito genérico, e na hora em que o professor entrava na classe, tendo de ensinar leitura e escrita, as quatro operações e outros conhecimentos das áreas das ciências naturais e sociais, o que ele tinha como modelo de ensino de conteúdos específicos para pôr em prática vinha de um referencial teórico completamente diferente: o discurso era construtivista, mas a prática era – às claras ou disfarçadamente – empirista. Uma série de tentativas foram feitas no sentido de criar propostas pedagógicas diferenciadas. Montessori, por exemplo, desenvolveu uma pedagogia centrada na percepção da criança, com um método apoiado em diversos materiais específicos e caros, confeccionados especialmente para o ensino escolar. Freinet, ao contrário, trouxe o mundo social para dentro da escola, herança maravilhosa que nos deixou. Foi um dos primeiros a reiterar a importância do trabalho do aprendiz e, como Dewey, o papel educativo de desenvolver projetos com os estudantes, como, por exemplo, escrever, imprimir e distribuir um jornal escolar. Mas nenhuma proposta deu conta do tratamento didático de conteúdos escolares específicos em sua totalidade.

Provavelmente por isso, os pressupostos escola-novistas acabaram sendo mais difundidos na educação infantil, na qual era menor a preocupação com a aprendizagem de conteúdos específicos. O professor do Ensino Fundamental que se inspirava na Escola Nova acabou vivendo uma contradição aflitiva. Não é simples para nenhuma pessoa admitir que não sabe o que deveria saber, que não compreende as consequências das próprias ações, que não consegue responder aos desafios colocados pela prática profissional com o conhecimento de que dispõe, principalmente quando realiza um trabalho de reconhecida importância social. Note-se que, quando me refiro a esse professor, não estou falando de um sujeito individual, mas de um sujeito social. É o conjunto dos educadores que vive essa dificuldade, já que existe um pensamento educacional compartilhado pelas pessoas. Por isso é tão penoso provocar mudanças na matriz desse pensamento compartilhado: ele se expressa em determinadas práticas pedagógicas das quais é difícil recuar.

COMEÇA, COM PIAGET, A CONSTRUÇÃO DE UM NOVO OLHAR SOBRE A APRENDIZAGEM

No início do século passado, a aprendizagem de conteúdos específicos – como a das operações aritméticas, de uma equação de 2° grau ou da leitura e da escrita – não era considerada um bom tema de pesquisa. Os estudiosos que investigavam essas questões ainda estavam buscando formatar um modelo geral de aprendizagem. Foi o que Piaget fez quando formulou com precisão a ideia de que, ao conseguir conhecer alguma coisa, o aprendiz transforma o real, o mundo e a si mesmo – mostrando que a aprendizagem não era uma impressão que o mundo externo realizava na mente, não era alguma coisa que se imprimia de fora para dentro no cérebro humano. Assim, ele colocou de pé uma epistemologia, isto é, uma teoria do conhecimento que tenta explicar como se avança de um conhecimento menos elaborado para um conhecimento mais elaborado.

A criação, por Piaget, de um modelo claro do processo geral de construção do conhecimento abriu a possibilidade de, mais tarde, estudar-se a construção de conhecimentos específicos, como o fez Emilia Ferreiro – discípula de Piaget, sob cuja orientação fez o doutorado – ao investigar a psicogênese do sistema de escrita. Na minha opinião, foi ela quem, no Brasil, abriu essa nova perspectiva tanto para os pesquisadores dedicados às questões da aprendizagem como para os educadores. Pudemos dar, então, um enorme salto de qualidade na compreensão de questões muito importantes para a educação. Ferreiro mostrou que era possível pensar o construtivismo – o modelo geral de construção do conhecimento, tal como formulado por Piaget e pelo grupo de pesquisadores de Genebra – como a moldura de uma investigação sobre a aquisição de um conhecimento particular, no caso o da leitura e da escrita. No momento em que estudou esse objeto tão escolar em uma investigação cujo marco teórico era piagetiano, Emilia Ferreiro desvendou a possibilidade de pensar outros conteúdos escolares a partir desse referencial.

A teoria de Piaget oferece um modelo epistemológico do qual é possível extrair consequências de natureza psicológica. A psicogênese da língua escrita é um modelo psicológico de aprendizagem especificamente da escrita. Isso informa o educador, mas a maneira pela qual essas informações são utilizadas na ação didática pode variar muito, porque nenhuma pedagogia responde apenas a um modelo psicológico – embora a ausência de um modelo psicológico claro resulte num modelo pedagógico ambíguo. No caso, por exemplo, da alfabetização, o modelo geral de aprendizagem no qual se apoia a psicogênese da língua escrita é de que há um processo de aquisição no qual a criança vai construindo hipóteses, testando-as, descartando umas e reconstruindo outras. Mas, durante a alfabetização, aprende-se mais do que escrever alfabeticamente. Aprendem-se, pelo uso, as funções sociais da escrita, as características discursivas dos textos escritos, os gêneros utilizados para escrever e muitos outros conteúdos.

O modelo de ensino atualmente relacionado ao construtivismo chama-se "aprendizagem pela resolução de problemas" e pressupõe uma intervenção pedagógica de natureza própria. Quando falamos de aprendizagem pela resolução de problemas, não estamos nos referindo aos clássicos problemas escolares de matemática, e sim à utilização, como núcleo das situações de aprendizagem, de situações-problema. Temos disponível agora um modelo de ensino que, reconhecendo o papel da ação do aprendiz e a especificidade da aprendizagem de cada conteúdo, propõe que a didática construa situações tais que o estudante precise pôr em jogo o que ele sabe no esforço de realizar a tarefa proposta.

Uma situação-problema se define sempre em relação ao aprendiz. Deve ser uma situação na qual a solução não vá ser buscada na memória, nem a resposta possa ser imediata, pois o estudante precisará mobilizar conhecimentos que já tem e usá-los de tal forma que acabará construindo uma solução não previamente determinada. Saber, por exemplo, que o feminino de "menino" é "menina" não é problema nenhum para ninguém. Nesses tradicionais exercícios, que ocupam muito do precioso tempo que as crianças passam dentro da escola, o que se aprende, no máximo, é que existe uma terminologia específica (feminino/masculino) para tratar desse assunto. Não quero com isso dizer que as aprendizagens de terminologia, nomes, fatos, datas e outras que são eminentemente memorísticas não sejam necessárias, mas não podemos reduzir a aprendizagem a isso. Saber, por exemplo, o ano em que Cabral chegou ao Brasil é uma coisa relativamente simples, que com algum esforço de memória se consegue; procurar entender o contexto histórico do momento e tudo o que resultou desse fato já é outra história.

APRENDER A APRENDER É ALGO POSSÍVEL APENAS A QUEM JÁ APRENDEU MUITA COISA

Apesar de termos revisto o modelo da aprendizagem pela descoberta proposto pela Escola Nova, estamos vendo reaparecer uma de suas bandeiras: o aprender a aprender. Pelo entendimento que se tem hoje sobre o que a escola deve ensinar, o conceito de aprender a aprender continua, na essência, sendo o mesmo proposto pela Escola Nova, nos anos 1920. Na prática, no entanto, ele muda radicalmente. Se nessa época o aprender a aprender era visto como um desenvolvimento geral da lógica do aprendiz, hoje sabemos que há um desenvolvimento da lógica, sim, mas que apenas isso não garante essa capacidade. Para aprender a aprender, o aprendiz precisa dominar conhecimentos de diferentes naturezas, como as linguagens, por exemplo. Precisa ter flexibilidade e capacidade de se lançar com autonomia nos desafios da construção do conhecimento. Há todo um saber necessário para poder aprender a aprender. Isso só se torna possível para quem já aprendeu muito sobre muita coisa.

Alguém pode aprender por si mesmo quando já sabe o suficiente para, primeiro, reconhecer o que merece ser aprendido, depois construir estratégias, a partir do que já sabe, para alcançar novos conhecimentos. Para conquistar essa condição, é preciso, por exemplo, ser um leitor competente, porque muito do conhecimento disponível está escrito. É desejável saber buscar informação através do computador, pois trata-se de uma forma rápida de obtê-la. Mas o fundamental é desenvolver a capacidade de estabelecer relações inteligentes entre os dados, as informações e os conhecimentos já construídos.

Os rumos que nossa sociedade está tomando indicam claramente que, para ser capaz de aprender permanentemente – e não importa para que área profissional a pessoa vá se dirigir –, a bagagem básica necessária hoje é acadêmico-cultural, em que se articulam conhecimentos de origem tradicionalmente escolar e relacionados aos movimentos culturais da sociedade. Torna-se cada vez mais comum perguntar a alguém que quer um cargo de executivo numa empresa se gosta de literatura, vai ao teatro, ao cinema, ouve música, se tem um olhar informado em relação às artes plásticas, se conhece línguas. Mesmo que essa pessoa esteja lá para tratar do movimento de capitais ou das fibras ópticas. Cada vez mais se recupera a ideia de que existe uma formação geral que é condição para a aprendizagem permanente.

Por essa perspectiva, a escola hoje tem uma tripla função: levar os estudantes a aprender a aprender, dar-lhes os fundamentos acadêmicos e, sem perda de tempo, equalizar as enormes diferenças no repertório de conhecimentos com que eles chegam. Todos sabemos que é impossível à escola realizar sozinha essa terceira função, mas sua contribuição é essencial. Ela existe, fortemente, nas sociedades tidas como desenvolvidas. Existe também em países como Cuba e outros da Europa Oriental, nos quais a escola desempenhou esse papel e contribuiu efetivamente para uma extraordinária equalização de natureza cultural, num período de meio século ou menos. Houve um tempo em que se pensou que só era possível à escola assumir esse papel numa situação de revolução social. Como essa possibilidade hoje em dia[11] está fora não só de nosso alcance mas até do nosso imaginário, é hora de começar a pensar, com maior profundidade, como agir para democratizar, de fato, o acesso à informação e às possibilidades de construção de conhecimento.

11 Passados cerca de trinta anos, essa formulação mantém atualidade, mas com outras nuances: "aprender a aprender" tornou-se ainda mais crucial diante do excesso de informações digitais; os "fundamentos acadêmicos" se ampliaram para incluir letramento digital e educação midiática, por exemplo, e a função de "equalizar diferenças" mostrou-se mais complexa devido às desigualdades tecnológicas, exigindo políticas públicas articuladas à escola. Assim, a ideia de uma extraordinária equalização cultural desloca-se do horizonte de modelos socialistas para o desafio contemporâneo de conciliar qualidade, inclusão e equidade em sociedades marcadas por novas formas de desigualdade.

3

O QUE SABE UMA CRIANÇA QUE PARECE NÃO SABER NADA

Quando se fala da importância de o professor compreender o que seus estudantes sabem ou não sabem para poder atuar, a questão é mais complexa do que parece. Pensa-se sempre que é preciso ter uma boa noção daquilo que as crianças sabem do ponto de vista do conteúdo a ser aprendido, visto da perspectiva do adulto – ou seja, de como os adultos veem o que está sendo ensinado. Por exemplo, se o professor está ensinando matemática, pode descobrir que os estudantes sabem somar e subtrair, mas não sabem multiplicar e dividir. Trata-se de uma constatação simples, mas não é disso que estou falando. Volto a me referir ao saber do ponto de vista do aprendiz, porque é esse o conhecimento necessário para fazer a criança avançar do que ela já sabe para o que não sabe. Falo das construções e ideias que ela elaborou e que, no mais das vezes, não foram ensinadas pelo professor, mas construídas pelo aprendiz.

Quando uma criança escreve fazendo uso de um sistema de escrita silábico ou próximo dele, por exemplo, isso não costuma ser reconhecido como um saber – já que, do ponto de vista de como se escreve em português, essa escrita não existe. Mas, do ponto de vista de como o aprendiz consegue chegar à escrita que se usa em português, que é uma escrita alfabética, ele precisa, de uma forma ou de outra, passar por uma concepção deste tipo: imagina que, ao escrever, o que representamos são as emissões sonoras que ele consegue reconhecer e isolar pela via da audição. Mesmo que não escreva estritamente uma letra para cada sílaba, supõe sempre que está representando um segmento sonoro que pode ser emitido isoladamente. Esse é um conhecimento importante que o professor deve reconhecer no processo de aprendizagem da escrita. Caso não possa fazê-lo, suas chances de ajudar o estudante a avançar são pequenas. Nesse caso, se a criança aprender a ler, provavelmente terá sido por sua própria conta e risco.

UM OLHAR CUIDADOSO SOBRE O QUE A CRIANÇA ERROU PODE AJUDAR O PROFESSOR A DESCOBRIR O QUE ELA TENTOU FAZER

Para descobrir o que pensa o aprendiz nesse território do saber não reconhecido, é preciso observar com olhos despojados. Por exemplo: se uma criança monta um algoritmo de subtração para efetuar a operação de 13 menos 7 e põe como resultado 14, o professor vê facilmente que a conta está errada. Compreender o que foi que a criança tentou fazer, para descobrir qual a natureza do erro que ela cometeu, exige um olhar mais cuidadoso. Provavelmente, ela considerou aquele 3 e aquele 7 embaixo, sabendo que tinha de subtrair naquela coluna. Mas achava que de 3 não dá para tirar 7. Então, fez o contrário e pôs o resultado embaixo. Quando viu, o resultado da subtração era maior do que as partes, e ela não compreendeu como aquilo aconteceu. Cabe ao professor pensar. Em vez de dizer simplesmente "está errado", seria mais interessante perguntar à criança: como é que eu posso tirar 7 e ficar com mais do que eu tinha antes?

Se o professor tiver uma hipótese sobre como a criança fez aquela conta errada, poderá levantar perguntas e questões. Poderá também tentar pensar junto com ela como é que se resolve isso – como é que se faz no cálculo mental e por que no algoritmo sai diferente. Ao contrário do que muitos professores pensam, as crianças sabem que de 13 tirando 7 não pode dar 14. Acontece que muitas vezes, na hora em que estão utilizando o algoritmo, sua capacidade de raciocínio matemático fica em suspenso. Articular, por exemplo, as antecipações de resultado com os resultados dos algoritmos é muito importante. No entanto, a escola não costuma trabalhar isso.

Situações como essas costumam acontecer diariamente em classe, seja em que área for. Quando o professor desconsidera o esforço do seu estudante, dizendo apenas que o que ele fez não está correto, sem lhe devolver uma questão, algo sobre o que pensar, acaba, mesmo sem querer, desvalorizando sua tentativa, seu esforço. E, se cada investimento que o estudante fizer não tiver seu valor reconhecido, ele provavelmente vai acabar pensando duas vezes antes de investir de novo.

Na verdade, o conhecimento se constrói frequentemente por caminhos diferentes daqueles que o ensino supõe. Pode-se notar isso quando se analisa a maneira como se ensina o sistema numérico, segundo a tradição. Ela reza que o professor deve ensinar os números até 10, depois até 100, depois até 1000, supondo que esse seja o caminho mais fácil para os estudantes, já que as dificuldades estariam relacionadas à grandeza dos números.

A pesquisadora argentina Delia Lerner verificou, em sua investigação[12], que as crianças vão abordando o sistema numérico escrito a partir de algumas ideias do tipo "o maior é o que tem mais números", ou, no caso de terem a mesma quantidade de algarismos, "o primeiro número é o que manda". Suas descobertas, muito interessantes, referem-se a fatos que eram até então absolutamente invisíveis para os professores. Para saber, por exemplo, qual de dois números é o maior, em geral as crianças verificam qual tem mais algarismos, mas, quando os números têm a mesma quantidade de algarismos, "manda o primeiro". Então, se um é 109 e outro 201, manda o que começa com 2. Quando conseguem construir essa regra do "manda o primeiro", não faz mais diferença se estão lidando com centenas, dezenas, unidades, dezenas de milhar ou o que seja.

A regra do "manda o primeiro" é correta. Diante dos números 53 e 35, por exemplo, escritos com os mesmos algarismos, nós, adultos, temos a possibilidade imediata de saber qual é o maior, porque situamos esses números numa escala. Também usamos a regra de que quem manda é o primeiro, só que não nos damos mais conta de que pensamos assim. Certamente nenhuma criança começa pensando que 53 é maior que 35 porque nele há 5 dezenas e no outro 3 dezenas, mas provavelmente porque "é o primeiro que manda". A partir desse princípio, vai depois organizando as informações a que tem acesso e dando sentido a elas.

Esses caminhos de construção de conhecimento acontecem no processo de aquisição do sistema alfabético de escrita, na compreensão de conceitos matemáticos e na aprendizagem de outros conteúdos. Ocorrem mesmo quando os estudantes estão submetidos a um tipo de ensino bastante convencional,

12 LERNER, Delia; SADOVSKY, Patricia. O sistema de numeração: um problema didático. In: PARRA, Cecilia; SAIZ, Irma (org.). *Didática da matemática*: reflexões psicopedagógicas. Porto Alegre: Artmed, 1996.

baseado na certeza de que basta aprender a fórmula para resolver todos os problemas. Porque as crianças têm uma exigência lógica que muitas vezes atrapalha os professores. Como acabaram de compreender a lógica das coisas, têm uma esperança de que o mundo seja totalmente lógico. Na busca da coerência e de uma lógica interna, as crianças fazem, por exemplo, a regularização do que é irregular na língua, dizendo eu "cabi", em vez de eu "coube". Ou, logo no 2º ano, alguns acham absurdo escrever *cozinha* com "z", já que o professor lhes ensinou que o "s" entre vogais tem som de "z".

O que move as crianças é o esforço para acreditar que atrás das coisas que elas têm de aprender existe uma lógica. De certa maneira, aprender é, para elas, ter de reconstruir suas ideias lógicas a partir do confronto com a realidade. E é exatamente porque nem tudo o que elas têm de aprender é lógico – ou tem uma lógica que esteja ao seu alcance imediato – que constroem ideias aparentemente absurdas, mas que são importantes no processo de aprendizagem.

Se o professor não sabe nada sobre o que a criança pensa a respeito do conteúdo que quer que ela aprenda, o ensino que oferece não tem "com que dialogar". Restará a ele atuar como numa brincadeira de cabra-cega, tateando e fazendo sua parte, com a esperança de que o estudante faça a dele: aprenda.

CONHECIMENTO PRÉVIO DOS ESTUDANTES NÃO DEVE SER CONFUNDIDO COM CONTEÚDO JÁ ENSINADO PELO PROFESSOR

Compreender a perspectiva pela qual a criança enxerga o conteúdo é algo que, em muitos casos, só é possível se o professor se colocar numa posição de observador cuidadoso daquilo que o estudante diz ou faz em relação ao que está sendo ensinado.

Se quiser trabalhar com o modelo de ensino por resolução de problemas, com uma concepção construtivista da aprendizagem, o professor precisa ter cuidado para não tornar sinônimos o que o estudante já sabe e o que já lhe foi ensinado, que não são necessariamente a mesma coisa.

Nesses casos, é importante que desenvolva uma sensibilidade e uma espécie de escuta para a reflexão que as crianças fazem, supondo que atrás daquilo que pensam há coisas que têm sentido e que não são apenas fruto da ignorância.

Para tentar compreender certas representações mentais das crianças, fiz algumas experiências numa classe em que era professora. Num projeto de ciências[13], as crianças estavam montando um formigueiro. Mostravam-se muito empolgadas e não haviam feito previamente nenhuma pesquisa em livros. Assim que dispuseram do espaço físico para o formigueiro, partiram para povoá-lo. Como professoras, poderíamos não ter deixado isso acontecer, dando uma aula sobre como um formigueiro tem origem, como as formigas se reproduzem, como é sua vida, mas optamos por deixá-las experimentar e encher o formigueiro de formigas.

As crianças foram para o jardim buscar uma família de formigas para morar naquela "casa". Suas hipóteses partiam de sua própria experiência de vida, e para elas o formigueiro era uma espécie de casa, como as casas em que moravam. Então, cada grupo procurou e montou uma família composta por uma formiga grande, uma média e formigas pequenininhas e colocou no formigueiro. E ficaram todas absolutamente chocadas quando as formigas se mataram umas às outras. Elas haviam misturado formigas de diferentes formigueiros e de diferentes espécies. Depois que vi aquilo acontecer, pare-

13 Projeto realizado com Sandra Sawaia em 1985.

ceu-me perfeitamente razoável as crianças imaginarem que as formigas vivessem de forma idêntica à que elas viviam, mas isso nunca tinha me ocorrido antes.

Se o professor não estabelece um espaço para que essas ideias apareçam, não consegue construir uma verdadeira situação de aprendizagem, pois não permite que se crie um problema sobre o qual depois seja preciso pensar. Claro que esse é apenas um exemplo e que não era necessário que fosse exatamente dessa maneira, mas as situações criadas precisam sempre ser compreendidas com o que chamo de "um olhar mais aberto", menos marcado pelas concepções adultas e mais atento à lógica existente nas ideias das crianças.

Outra situação desse tipo aconteceu quando pedimos às crianças de um 2º ano, no qual eu trabalhava como coordenadora, que representassem cartograficamente algumas relações entre lugares. Elas deveriam montar um percurso, um mapa, para mostrar como saíam de São Paulo e chegavam a uma cidade à qual estivessem habituadas a ir. Esses meninos já tinham visto mapas e globos, assim como tinham ouvido falar que a maior parte da superfície da Terra é coberta de água. Então desenharam São Paulo, circunscrevendo um pedaço do espaço, e o Rio de Janeiro, por exemplo, delimitando outro pedaço, com um círculo ou um quadrado. Separando os dois lugares havia água. Era como se cada lugar fosse uma ilha boiando no mar. Claro que isso jamais passaria pela cabeça de um adulto. Trata-se de uma situação muito interessante, porque não significa que as crianças pensem que as coisas sejam exatamente assim. Mas, quando o professor coloca um problema desse tipo, como "faça um mapa", elas têm de resolver questões conceituais sobre as quais nunca haviam pensado. E o fazem como é possível para elas naquele momento.

Como se vê, o conhecimento prévio não costuma ser convencional e arrumadinho. Quando pedimos aos estudantes que estabeleçam novas relações em situações ainda não experimentadas, fica evidente que o conhecimento se constrói de forma aparentemente desorganizada e apresenta contradições que nem sempre são reconhecidas pelo aprendiz. Por isso é tão importante, pela perspectiva construtivista, diante de cada novo conteúdo, conhecer o que as crianças já sabem e o que podem produzir com e sobre esses saberes.

O professor que pretenda qualificar-se melhor para lidar com a aprendizagem dos estudantes precisa estudar e desenvolver uma postura investigativa. É certo que, quando começamos a ver e reconhecer o movimento de aprendizagem da criança e a forma como costuma acontecer – mesmo que seja em relação a alguns conteúdos apenas –, isso funciona como uma espécie de alerta. Às vezes, não existe conhecimento disponível sobre a aprendizagem de determinado conteúdo para nos ajudar a interpretar o que as crianças fazem. Mesmo assim, se cultivarmos um olhar cuidadoso, certamente avançaremos com mais cautela, seremos menos arrogantes. Minha experiência é que a psicogênese da língua escrita abriu essa possibilidade de o professor olhar para a criança e acreditar que para aprender ela pensa, que aquilo que ela faz tem lógica e que se eu não enxergo é porque não tenho instrumentos suficientes para perceber o sentido que está posto ali.

Muitos, mesmo não tendo o conhecimento científico que lhes permitisse compreender tudo o que precisariam, foram ótimos professores, pois supriam essa deficiência com convicções e princípios. O fato de acreditar que os estudantes pensam, que são capazes, é fundamental para que eles progridam, pois nos leva a respeitá-los e apoiá-los.

UM CASAMENTO ENTRE A DISPONIBILIDADE DA INFORMAÇÃO EXTERNA E A POSSIBILIDADE DA CONSTRUÇÃO INTERNA

Perguntar à criança, quando não se entende sua produção, ajuda muito. Mesmo que o professor não compreenda suas explicações. É muito interessante também pôr duas crianças para trabalharem juntas e observar, pois elas dão explicações umas às outras que fazem sentido entre elas, e se o professor olhar com cuidado pode compreender muito do que acontece.

Em meu trabalho de formação de professores peço a eles que observem atividades, registrem o que observaram e tragam esses registros para os nossos encontros, para serem discutidos. Costumo recomendar-lhes que façam uma observação o mais sistemática possível e que, quando a atividade permite, tracem a evolução dos procedimentos das crianças. Vou dar um exemplo para ajudar a entender, descrevendo uma atividade em que as crianças jogam dados e têm de somar seus valores. Quando realizam o jogo, o professor, normalmente, bate o olho e percebe que um estudante faz cálculo rápido; o outro, não. No entanto, não é evidente para o professor quais são os procedimentos dos estudantes e qual a relação entre dominar os procedimentos de soma e o fato de jogarem com mais rapidez e eficiência. Trata-se de um trabalho muito interessante, porque todos os professores chegam às mesmas conclusões, mas, antes, precisam fazer um esforço muito grande para educar o olhar.

O jogo começa assim: as crianças lançam dois dados. O professor descreve como elas devem proceder para somar. Os procedimentos são os seguintes:

1. Um menino, por exemplo, joga os dois dados; caem o 5 e o 4. Ele começa a contar todas as unidades de um dado – 1, 2, 3, 4, 5 – e segue contando as do outro dado e diz, no final, o número a que chegou: 9.

2. Outros olham um dado, com 5, por exemplo, e partem desse para contar o outro – 6, 7, 8, 9. Às vezes, o que escolhem para iniciar a contagem é o maior; outras vezes, o princípio da economia é desconsiderado: começam a contar a partir do menor.

3. Há ainda os que veem, por exemplo, dois 4 e cantam: 4 e 4, 8; ou 3 e 3, 6. Quando cai assim, eles não contam, trabalham com o dobro. As crianças têm um fascínio pelo dobro (e depois pelos quadrados, 3 x 3, 10 x 10, etc.), que faz com que se disponham a memorizá-los sem que ninguém peça, desde que essas informações estejam disponíveis. A partir do dobro e com o conhecimento prático que vão construindo sobre as propriedades da adição, vão se aproximando cada vez mais do desempenho de tipo seguinte, o mais avançado.

4. As crianças batem os olhos e calculam mentalmente. Nesse caso, para saber de suas estratégias, é preciso conversar com elas.

O professor tem de reconhecer esses procedimentos dos estudantes, saber quais são os menos e os mais avançados e que raciocínio os que estão mais avançados fizeram. Por exemplo: quando as crianças começam a contar, desde o primeiro dado, a partir do número 1, não consideram ainda que o número 5 ocupa a 5ª posição na série – e que, portanto, posso seguir contando dali para a frente. Esse conhecimento precisa ser construído, e não adianta o professor dizer: "Menino, não está vendo que aqui tem 5, não precisa contar e é só seguir daí – 6, 7, 8?"

Quando as crianças jogam juntas, há um determinado momento, precioso no processo de cada uma, em que aquilo que seu colega ao lado está fazendo – e que é reconhecido como mais avançado – se torna observável para ela. Fazendo o que já fazia antes, ela avança o suficiente para reconhecer o procedimento do colega como mais econômico, produtivo e, por que não dizer, mais bonito. O colega podia estar fazendo aquilo havia dias e ela não ter se dado conta. Quando percebe, é porque já construiu a lógica necessária para poder aprender. De nada adiantaria alguém ficar reproduzindo e mostrando o que o colega fazia enquanto ela não chegasse, por conta própria, à condição de reconhecer aquilo como um procedimento mais interessante. É assim que se avança. Nem porque o conhecimento brota de dentro, nem porque existe no mundo. Trata-se de um delicado casamento entre a disponibilidade da informação externa e a possibilidade da construção interna. Isso é que é o tão falado construtivismo, um modelo explicativo da aprendizagem que considera, ao mesmo tempo, as possibilidades do sujeito e as condições do meio.

O exemplo acima é de uma criança que aprendeu com outra que sabe mais. Para as crianças que apresentam estratégias mais sofisticadas, a necessidade de explicá-las para as que usam estratégias menos avançadas é uma situação riquíssima, na qual podem aprender muito. As exigências da comunicação obrigam-nas a desenvolver argumentos que consolidam seus conhecimentos, fazendo-as avançar mais.

Se o olhar do professor está suficientemente informado, ele pode tomar decisões importantes, seja na formação das parcerias entre as crianças, seja nas questões que ele mesmo propõe no desenrolar da atividade.

TODAS AS CRIANÇAS SABEM MUITAS COISAS, SÓ QUE UMAS SABEM COISAS DIFERENTES DAS OUTRAS

Vindas de universos culturais diferentes, as crianças sabem coisas diferentes. As menos favorecidas economicamente, por exemplo, aos 6 ou 7 anos de idade, desenvolvem capacidades que lhes permitem dar banho nos irmãos, cozinhar, vender balas em cruzamentos de avenidas sem serem atropeladas, coisas que as de classe média e alta, certamente, não dão conta de fazer nem alguns anos depois. Estas, como são expostas a desafios diferentes – escrever uma carta para a tia, ajudar a mãe a achar produtos no supermercado, recontar histórias dos livros –, desenvolvem capacidades para outros tipos de atividade. Tudo depende do valor que determinadas aprendizagens assumem nas comunidades de origem de cada uma delas.

É preciso ter isso em mente. As crianças vindas de um mundo cultural semelhante ao que é valorizado na escola já chegam com enormes vantagens em relação às demais. Para elas, a escola será muito mais fácil, porque está em consonância com a cultura da família e do seu ambiente. Não se pode dizer o mesmo das crianças que vêm de comunidades onde as pessoas têm menor grau de escolaridade e estão, portanto, mais distantes dos usos cotidianos dos conteúdos que a escola propõe. Elas não dispõem do tipo de conhecimento com o qual a escola habitualmente conta e dependem exclusivamente dela para aprender os conteúdos escolares, pois não têm, em casa, a quem recorrer.

Isso traz a necessidade de que a educação escolar dessas crianças garanta oportunidades de aprendizagem similares àquelas que as de classe média "mamam" em casa, com o leite materno.

Essa equalização das oportunidades de aprendizagem das crianças que chegam é, como já vimos, tarefa da escola, e, diante dela, a escola precisa refletir sobre suas práticas. Porque, dependendo de como as desenvolve, pode estigmatizar as crianças, prejudicando sua autoestima e dificultando, com isso, seu envolvimento nas situações de aprendizagem. É algo que acontece em muitas escolas por meio de atitudes sutis, muitas vezes inconscientes, e que, mesmo de maneira involuntária, prejudicam o sucesso escolar dos estudantes. Quando se constrói um modelo de déficit cultural, por exemplo, como aconteceu no Brasil alguns anos atrás – afirmando-se que as crianças menos favorecidas economicamente que entram na escola têm deficiência psicológica, cognitiva, intelectual, linguística, ou seja lá que nome se queira dar –, é inevitável desembocar numa pedagogia compensatória, do tipo "vamos dar a elas o que elas não têm, coitadas". O que poderia ser extremamente revolucionário cai por terra quando consideramos que as experiências trazidas por essas crianças para a escola não são importantes, não servem para nada, devem ser deixadas de lado – a experiência valorizada pela escola é a única que importa. É preciso, pois, educar o olhar para enxergar o que sabem as crianças que aparentemente não sabem nada.

Não é uma pedagogia compensatória que defendo ao dizer que a escola tem um papel equalizador das oportunidades de aprendizagem. Na verdade, o que precisa ser socializado na escola diz respeito, fundamentalmente, a conteúdos pertencentes ao mundo da cultura: da literatura, da ciência, da arte, da informação tecnológica etc. Todas as crianças têm direito a isso, porque é condição de inserção social. Ter essa consciência faz toda a diferença quando estamos comprometidos com uma educação escolar equalizadora – que nunca será total, bem o sabemos. Mas uma coisa é a escola não conseguir garantir que todas as crianças atinjam os objetivos desejáveis, outra é servir de instrumento de exclusão social. O professor Darcy Ribeiro proclamava, em plena ditadura – e eu sempre acreditei que ele tinha razão –, que não conhecia escola mais eficiente que a brasileira. Porque numa sociedade onde uma minoria tem de controlar tanta gente, dizia ele, o papel que a escola exerce de botar cada pobre "no seu lugar" é extraordinariamente eficiente. Certamente, não é esse o tipo de escola que queremos para nossas crianças.

TODO PROFESSOR DEVE LEVAR TODOS OS ESTUDANTES A PARTICIPAREM DA CULTURA[14]

Os professores, especialmente os dos anos iniciais, que quiserem contribuir para que todos os estudantes de sua turma tenham as mesmas possibilidades de aprender devem cumprir o papel de estimulá-los a participar da cultura. Não de uma cultura infantilizada, já que as crianças são capazes de conviver com coisas muito interessantes e elaboradas. Observei uma vez uma professora lendo clássicos para crianças de 5 anos e elas achando absolutamente maravilhoso, podendo assim desenvolver o gosto pela boa literatura desde muito pequenas. Não se pode pensar que, por não serem ainda capazes de ler e escrever, as crianças devam ouvir histórias com meia dúzia de frases simples que, como diz o psicanalista Bruno Bettelheim no livro *Psicanálise da alfabetização*[15], ofendem sua inteligência.

No entanto, o que frequentemente se oferece para as crianças são histórias empobrecidas, versões resumidas, textos com supressões. O professor pode ler a respeito dos diferentes assuntos, levar as crianças para ver exposições de artistas importantes, sem que, para isso, elas precisem ter completado 18 anos e feito um curso de história da arte. A ideia de que as crianças não são capazes de apreciar "certas coisas" supõe que o conhecimento é uma acumulação e que, enquanto não se sabe A, não se pode entrar em contato com B. De uma perspectiva construtivista, as crianças precisam nadar na cultura, ou, como se diz atualmente, navegar. Navegar na cultura, na internet, na arte, em todas as áreas do conheci-

14 Estamos usando o termo "cultura" não em seu sentido antropológico, e sim no do senso comum: a cultura erudita e a de larga difusão, mas produzida para e pela elite.

15 BETTELHEM, Bruno; ZELAN, Karen. *Psicanálise da alfabetização*: um estudo psicanalítico do ler e do aprender. Porto Alegre: Artmed, 1984.

mento, em todas as linguagens, em todas as possibilidades.

Um instrumento poderoso para um professor que pretende ampliar o horizonte cultural e o repertório de informações dos estudantes é o jornal. Até pouco tempo atrás não se podia conceber que uma criança fizesse outra coisa com um jornal a não ser recortar letrinhas para colar no papel. E, ainda hoje, há muita resistência do professor a sentar com crianças e conversar sobre notícias de jornal, quando se sabe que esse veículo é um importante portador de documentação da história. Por que não trabalhar a ideia dos fatos históricos atuais? Eles estão no jornal. Quais são as novas descobertas da ciência, as tendências da conjuntura política, as novidades da tecnologia, e tantas coisas mais que não são acessíveis no dia a dia a não ser pelos meios de comunicação? No jornal, costuma-se ler sobre Olimpíadas de Inverno, por exemplo – e as crianças podem saber tudo sobre esqui ou patinação no gelo, mesmo morando num país tropical como o Brasil. É obrigação da escola abrir o mundo para os estudantes.

Não é raro a escola esperar que um menino de 10 anos seja capaz de entrar numa biblioteca e levantar a informação necessária para realizar uma pesquisa em diferentes fontes. No entanto, se ele não vive o uso da informação no cotidiano, se nunca aprendeu a lidar com textos informativos, nunca recebeu ajuda para ir aprendendo a coordenar todos os complicados procedimentos envolvidos numa pesquisa bibliográfica, como poderá fazer isso de forma autônoma e eficiente? Quando não se desenvolve um trabalho coletivo e frequente com os estudantes para que aprendam a acessar, selecionar, relacionar, hierarquizar e registrar informações a partir de pesquisa em diferentes fontes, como vão aprender a fazê-lo sozinhos? A escola não pode contar com o que não ensina.

No mundo em que vivemos, onde o acesso e o uso eficaz da informação constituem condição de plena inserção social, a tarefa do professor se sofistica, assim como as exigências em relação à sua formação. No passado, quando o segmento da sociedade que se escolarizava era pequeno, o professor tinha uma posição muito particular no mundo do saber. Embora não fosse um produtor de conhecimentos, um professor de crianças era um pequeno intelectual, tinha certa cultura, condições de acesso ao conhecimento, a postura de valorizá-lo e o gosto por difundi-lo. Era o chamado mestre-escola, alguém que encarnava a escola – e a escola não era um prédio, era um mestre.

Com o tempo e diante das novas demandas sociais e as consequentes exigências colocadas à educação escolar, o professor passou a ser visto como parte de uma linha de montagem. Foi quando a escola começou a atender um público muito grande e o sistema escolar passou a ser visto sob uma ótica industrial: a escola devia funcionar como uma fábrica, na qual, de um lado da esteira, entrava menino ignorante e, do outro, saía cidadão formado. Não é à toa que até hoje se estuda o americano Taylor tanto em administração escolar quanto em administração empresarial. E ele não pensou a escola, mas a indústria. Aliás, mesmo para a fábrica, já está mais que ultrapassado.

NÃO É POSSÍVEL FORMULAR RECEITAS PRONTAS PARA SEREM APLICADAS A QUALQUER GRUPO DE ESTUDANTES

Essa visão da escola como uma linha de montagem correspondia a uma concepção de ensino e de aprendizagem – que passamos a chamar, nos anos 1970, de "tecnicista" – voltada para criar máquinas de ensinar, métodos de ensino, sequências de passos programados. A representação mais clara desse modelo no Brasil chamava-se "ensino programado". Um especialista, psicólogo da aprendizagem, construía uma sequência de exercícios através dos quais se pretendia ensinar o estudante, e a função do professor era simplesmente administrar o ensino programado.

Esse arranjo permitia o que se chamava de "ensino na medida do estudante". Supunha-se que, embora as crianças aprendessem em ritmos diferentes, todos aprenderiam, porque, seguindo aqueles passos programados, chegariam todos, de alguma forma, ao final. Esse modelo foi o responsável por uma exigência cada vez mais baixa de qualificação dos professores.

A função do antigo mestre-escola se transformou, então, na de um apertador de parafusos: alguém que, com um mínimo de formação e apoiado em material previamente preparado para dar aula, efetuasse a transmissão do conhecimento sem custar muito ao Estado. A verdade é que era muito mais difícil transformar estudantes de magistério naqueles antigos seres com o gosto pela difusão do conhecimento, pois isso exigia formação mais acadêmica e, portanto, mais cara. Mobilizar pessoas que soubessem apenas um pouco mais do que aquilo que tinham de ensinar certamente era bem mais viável.

Não é esse o papel do professor numa proposta construtivista, tal como se concebe hoje. Pelo contrário, ele precisa construir conhecimentos de diferentes naturezas, que lhe permitam ter em mente os seus objetivos, selecionar conteúdos pertinentes, enxergar na produção de seus estudantes o que eles já sabem e construir estratégias que os levem a conquistar novos patamares de conhecimento. A prática pedagógica é complexa e contextualizada e, portanto, não é possível formular receitas prontas para serem aplicadas a qualquer grupo de estudantes: o professor, diante de cada situação, precisará refletir, encontrar suas próprias soluções e tomar decisões relativas ao encaminhamento mais adequado. Um pouco como o antigo mestre-escola, ele precisa ser alguém com autonomia intelectual.

4

AS IDEIAS, CONCEPÇÕES E TEORIAS QUE SUSTENTAM A PRÁTICA DE QUALQUER PROFESSOR, MESMO QUANDO ELE NÃO TEM CONSCIÊNCIA DELAS

Quando analisamos a prática pedagógica de qualquer professor, vemos que, por trás de suas ações, há sempre um conjunto de ideias que as orienta. Mesmo quando ele não tem consciência dessas ideias, dessas concepções, dessas teorias, elas estão presentes.

Para compreender a ação do professor, é preciso analisá-la com o objetivo de desvelar os seguintes aspectos:

- qual a concepção que o professor tem, e que se expressa em seus atos, do conteúdo que ele espera que o estudante aprenda;
- qual a concepção que o professor tem, e que se expressa em seus atos, do processo de aprendizagem, isto é, dos caminhos pelos quais a aprendizagem acontece;
- qual a concepção que o professor tem, e que se expressa em seus atos, de como deve ser o ensino.

A teoria empírica do conhecimento – que historicamente é a que mais vem influenciando as representações sobre o que é ensinar, quem é o estudante, como ele aprende e o que e como se deve ensinar – se expressa em um modelo de aprendizagem conhecido como "estímulo-resposta". Esse modelo define a aprendizagem como "a substituição de respostas erradas por respostas certas".

A hipótese subjacente a essa concepção é a de que o estudante precisa memorizar e fixar informações – as mais simples e parciais possíveis e que devem ir se acumulando com o tempo. O modelo típico de cartilha está baseado nisso.

As cartilhas trabalham com uma concepção de língua escrita como transcrição da fala: elas supõem a escrita como espelho da língua que se fala. Seus "textos" são construídos com a função de evidenciar (segundo o que elas supõem) essa relação de transcrição. Em geral, são palavras-chaves e famílias silábicas, usadas exaustivamente – e aí encontram-se coisas como *o bebê baba na babá, o boi bebe, Didi dá o dado a Dedé*. A função do material escrito numa cartilha é apenas ajudar o estudante a desentranhar a regra de geração do sistema alfabético: que *b* com *a* dá *ba*, e por aí afora.

Centrada nessa abordagem que vê a língua como pura fonologia, a cartilha introduz o estudante no mundo da escrita apresentando-lhe um texto que, na verdade, é apenas um agregado de frases desconectadas. Essa concepção de "texto para ensinar a ler está tão impregnada no imaginário do professor que, certa vez, uma professora que se esforçava para transformar sua prática documentou em vídeo uma aula e me enviou, para mostrar como já conseguia trabalhar sem a cartilha. A atividade era uma produção coletiva de texto na lousa. O texto produzido pelos estudantes e grafado pela professora era o seguinte:

O sapo

O sapo é bom.

O sapo come inseto.

O sapo é feio.
O sapo vive na água e na terra.
Ele solta um líquido pela espinha.
O sapo é verde.

Como se pode observar, cada enunciado é tratado como se fosse um parágrafo independente. Exigências mínimas de coesão textual, como não repetir "o sapo" em cada enunciado, nem sequer são consideradas. Só na quinta frase apareceu, pela primeira vez, um pronome para substituir "o sapo". E, na sexta frase, lá está ele de novo. Seria fácil concluir que a professora é que não sabe escrever com um mínimo de coerência e coesão. Mas não era esse o caso. Além de saber escrever, era uma ótima professora: empenhada e comprometida com seu trabalho e seus estudantes. Apenas havia interiorizado em sua prática o modelo de "texto" que caracteriza a metodologia de alfabetização expressa nas cartilhas. E de tal maneira que nem sequer tinha consciência disso: foi preciso tematizar[16] sua prática a partir dessa situação documentada para que ela pudesse se dar conta disso.

COMO A METODOLOGIA DE ENSINO EXPRESSA NAS CARTILHAS CONCEBE OS CAMINHOS PELOS QUAIS A APRENDIZAGEM ACONTECE

Poderíamos dizer, em poucas palavras, que na concepção empirista o conhecimento está "fora" do sujeito e é interiorizado através dos sentidos, ativados pela ação física

16 A tematização da prática, na formação de professores, significa transformar aquilo que o docente faz em objeto de reflexão, permitindo-lhe analisar, compreender e ressignificar suas próprias ações pedagógicas.

e perceptual. O sujeito da aprendizagem seria "vazio" na sua origem, sendo "preenchido" pelas experiências que tem com o mundo. Criticando essa ideia de um ensino que se "deposita" na mente da criança, Paulo Freire usava uma metáfora – "educação bancária" – para falar de uma escola em que se pretende "sacar" exatamente aquilo que se "depositou" na cabeça do estudante.

Nessa concepção, o aprendiz é alguém que vai juntando informações. Ele aprende o *ba, be, bi, bo, bu*, depois o *ma, me, mi, mo, mu*, e supõe-se que em algum momento, ao longo desse processo, tenha uma espécie de "estalo" e comece a perceber o que é que o *ma*, o *me*, o *mi*, o *mo* e o *mu* têm em comum. Acredita-se que ele seja capaz de aprender exatamente o que lhe ensinam e de ultrapassar um pouco isso, fazendo uma síntese a partir de determinada quantidade de informações. Na verdade, o modelo supõe apenas a acumulação. Os professores é que, convivendo com estudantes reais o tempo todo, acabam encontrando na figura do "estalo" a resposta para certas ocorrências aparentemente inexplicáveis. Porque sabem que alguns entendem o sistema logo que aprendem algumas poucas famílias silábicas, enquanto outros chegam ao "z" de *zabumba* sem compreendê-lo. E já que não têm como entender essas diferenças, buscam explicações no que se convencionou chamar de "estalo". Frequentemente dizem: "A criança deu o estalo", ou: "Ainda não deu o estalo, mas uma hora vai dar".

Para se acomodar a essa teoria, o processo de ensino é caracterizado por um investimento na cópia, na escrita sob ditado, na memorização pura e simples, na utilização da memória de curto prazo para reconhecimento das famílias silábicas quando o professor toma a leitura. Essa forma de trabalhar está relacionada à crença de que, primeiro, as crianças têm de aprender a ler e a escrever de acordo com o sistema alfabético, fazendo uma leitura mecânica, para depois "adquirir" uma leitura compreensiva. Ou seja, primeiro elas precisariam aprender a fazer barulho com a boca diante das letras para depois poder aprender a ler de verdade e a produzir sentido diante de textos escritos.

Assim, os três tipos de concepção a que nos referimos no início deste capítulo se articulam para produzir a prática do professor que trabalha segundo a concepção empirista: a língua (conteúdo) é vista como transcrição da fala, a aprendizagem se dá pelo acúmulo de informações e o ensino deve investir na memorização. Na verdade, qualquer prática pedagógica, qualquer que seja o conteúdo, em qualquer área, pode ser analisada a partir deste trio: conteúdo, aprendizagem e ensino.

PARA MUDAR, É PRECISO RECONSTRUIR TODA A PRÁTICA A PARTIR DE UM NOVO PARADIGMA TEÓRICO

Quando se tenta passar de um modelo de aprendizagem empirista para um modelo construtivista, as dificuldades de entendimento às vezes são graves. De uma perspectiva construtivista, o conhecimento não é concebido como uma cópia do real, incorporado diretamente pelo sujeito: pressupõe uma atividade, por parte de quem aprende, que organiza e integra os novos conhecimentos aos já existentes. Isso vale tanto para o estudante quanto para o professor em processo de transformação.

Se o professor procura inovar sua prática adotando um modelo de ensino que pressupõe a construção de conhecimento sem compreender suficientemente as questões que lhe dão sustentação, corre o risco, grave no meu modo de ver, de ficar se deslocando de um modelo que lhe é familiar para o outro, meio desconhecido, sem muito domínio de sua própria prática – "mesclando", como se costuma dizer.

O equívoco mais comum é pensar que alguns conteúdos se constroem e outros, não. O que, nessa visão "mesclada", vale dizer que uns precisariam ser ensinados e outros, não. Em outros casos, o modelo empirista fica intocado e as ideias que as crianças constroem em seu processo de aprendizagem são distorcidas a ponto de o professor vê-las como conteúdo a ser ensinado. Um exemplo disso são os professores que, encantados com o que a psicogênese da língua escrita desvendou sobre o que pensam as crianças quando se alfabetizam, passaram a ensinar seus estudantes a escrever segundo a hipótese silábica. Que raciocínio leva a uma distorção desse tipo? Se os estudantes têm que passar pela hipótese silábica para chegar à compreensão do sistema de escrita alfabética, ensiná-los a escrever silabicamente os faria avançar no princípio alfabético, pensam esses professores. Essa perspectiva só pode caber num modelo empirista de ensino, cuja lógica intrínseca é a de organizar etapas de apresentação do conhecimento aos estudantes. Essa lógica não faz nenhum sentido num modelo construtivista.

Outro tipo de entendimento distorcido, mais influenciado por práticas espontaneístas, é o seguinte: diante da informação de que quem constrói o conhecimento é o sujeito, houve professores que entenderam que a intervenção pedagógica seria, então, desnecessária. Se é o estudante quem vai construir o conhecimento, o que os professores teriam para fazer dentro da sala de aula? E passaram a não fazer nada. Como se vê, é fácil nos perdermos em nossa prática educativa quando não nos damos conta do que orienta de fato nossas ações. Ou melhor, de quais são as nossas teorias em ação.

CONTEÚDOS ESCOLARES SÃO OBJETOS DE CONHECIMENTO COMPLEXOS, QUE DEVEM SER DADOS A CONHECER, AOS ESTUDANTES, POR INTEIRO

A mudança na concepção dos conteúdos oferecidos pela escola provoca, de imediato, uma transformação enorme na oferta de informação aos estudantes. Vamos continuar com o exemplo da língua escrita para tornar mais evidente o que queremos dizer. Se o professor parte do princípio de que a língua escrita é complexa, de acordo com uma concepção construtivista da aprendizagem ela deve ser – mesmo assim e por isso mesmo – oferecida por inteiro para os estudantes. E de forma funcional, isto é, tal como é usada realmente. Quando alguém aprende a escrever, está aprendendo ao mesmo tempo muitos outros conteúdos além do bê-a-bá, do sistema de escrita alfabética – por exemplo, as características discursivas da língua, ou seja, a forma que ela assume em diferentes gêneros através dos quais se realiza socialmente.

Pensando assim, caberá ao professor criar situações que permitam aos estudantes vivenciar os usos sociais que se fazem da escrita, as características dos diferentes gêneros textuais em ação, a linguagem adequada a diferentes contextos comunicativos, além do sistema pelo qual a língua é grafada, o sistema alfabético. Para alguém ser capaz de ler com autonomia, é preciso compreender o sistema alfabético, mas isso apenas lhe confere autonomia. Qualquer um pode aprender muito sobre a língua escrita mesmo sem poder ler e escrever autonomamente. Isso depende de oportunidades de ouvir a leitura de textos, participar de situações sociais nas quais os textos reais sejam utilizados, pensar sobre os usos, as características e o funcionamento da língua escrita.

Para os construtivistas – diferentemente dos empiristas, para quem a informação deveria ser oferecida da forma mais simples possível, uma de cada vez, para não confundir aquele que aprende – o aprendiz é um sujeito, protagonista do seu próprio processo de aprendizagem, alguém que vai produzir a transformação que converte informação em conhecimento próprio. Essa construção, pelo aprendiz, não se dá por si mesma e no vazio, mas a partir de situações nas quais ele possa agir sobre o que é objeto de seu conhecimento, pensar sobre ele, recebendo ajuda, sendo desafiado a refletir, interagindo com outras pessoas.

Quando se acredita que o motor da aprendizagem é o esforço do sujeito para dar sentido à informação que está disponível, tem-se uma situação bastante diferente daquela em que o aprendiz teria de permanecer tranquilo e com os sentidos abertos para introjetar a informação que lhe é oferecida, da maneira como é oferecida. Num modelo empirista, a informação é introjetada, ou não. Num modelo construtivista, o aprendiz tem de transformar a informação para poder assimilá-la. Concepções tão diferentes dão origem, necessariamente, a práticas pedagógicas muito diferentes.

AFIRMAR QUE O CONHECIMENTO PRÉVIO É BASE DA APRENDIZAGEM NÃO É DEFENDER PRÉ-REQUISITOS

Para aprender alguma coisa, é preciso já saber alguma coisa – diz o modelo construtivista. Ninguém conseguirá aprender alguma coisa se não tiver como reconhecer aquilo como algo apreensível. O conhecimento não é gerado do nada, é uma permanente transformação a partir do conhecimento que já existe. Essa afirmação – a de que o conhecimento prévio do aprendiz é base de novas aprendizagens – não significa a crença ou a defesa de pré-requisitos. Tampouco esse tipo de conhecimento se confunde com a matéria ensinada anteriormente pelo professor.

Se, por um lado, é o que cada um já possui de conhecimento que explica as diferentes formas e tempos de aprendizagem de determinados conteúdos que estão sendo tratados, por outro, sabemos que a intervenção do professor é determinante nesse processo. Seja nas propostas de atividade, seja na forma como encoraja cada um de seus estudantes a se lançar na ousadia de aprender, o professor atua o tempo inteiro.

NÃO INFORMAR NEM CORRIGIR SIGNIFICA ABANDONAR O ESTUDANTE À PRÓPRIA SORTE

Como já vimos, diante de um corpo de ideias tão novo como a concepção construtivista da aprendizagem e o modelo de ensino através da resolução de problemas, o professor também está na posição de aprendiz. No entanto, o conhecimento pedagógico é produzido coletivamente, o que permite aos professores, hoje, aprenderem a partir do que outros já aprenderam e tomarem cuidado com erros já cometidos por outros.

Um erro que precisa ser evitado por suas graves consequências é o desvio espontaneísta: como é o estudante quem constrói o conhecimento, não seria necessário ensinar-lhe. A partir dessa crença o professor passa a não informar, a não corrigir e a se satisfazer com o que o estudante faz "do seu jeito". Essa visão implica abandonar a criança à sua própria sorte. E é muito importante que o professor compreenda o que significa, do ponto de vista da criança, o "vou fazer do meu jeito".

Vamos usar a alfabetização novamente para exemplificar. Quando uma criança entra na escola ainda não alfabetizada, tanto ela quanto o professor sabem que ela não sabe ler nem escrever. Ao propor que ela se arrisque a escrever do jeito que imagina, o que o professor, na verdade, está propondo é uma atividade baseada na capacidade infantil de jogar, de fazer de conta. Num contrato desse tipo – que reza que o estudante deve escrever pondo em jogo tudo o que sabe e pensa sobre a escrita – o professor deve usar tudo o que ele sabe sobre as hipóteses que as crianças constroem sobre a escrita para poder, interpretando o que o estudante escreveu, ajudá-lo a avançar. Dentro desse contrato, quem "faz de conta" é a criança. Nesse espaço em que a criança escreve "do seu jeito", o papel do professor é delicado. Mas é semelhante ao de alguém adulto que participa de uma brincadeira de faz de conta sem entrar nela. Ao professor cabe organizar a situação de aprendizagem de forma a oferecer informação adequada. Sua função é observar a ação das crianças, acolher ou problematizar suas produções, intervindo sempre que achar que pode fazer a reflexão dos estudantes sobre a escrita avançar. O professor funciona então como uma espécie de diretor de cena ou de contrarregra, e cabe a ele montar o "andaime" para apoiar a construção do aprendiz.

5

COMO FAZER O CONHECIMENTO DO ESTUDANTE AVANÇAR

O processo de aprendizagem não responde necessariamente ao processo de ensino, como tantos imaginam. Ou seja, não existe um processo único de "ensino-aprendizagem", como muitas vezes se diz, mas dois processos distintos: o de aprendizagem, desenvolvido pelo estudante, e o de ensino, pelo professor. São dois processos que se comunicam, mas não se confundem: o sujeito do processo de ensino é o professor, enquanto o do processo de aprendizagem é o estudante.

É equivocada a expectativa de que o estudante poderá receber qualquer ensinamento que o professor lhe transmita exatamente como ele lhe transmite. O professor é que precisa compreender o caminho de aprendizagem que a criança está percorrendo naquele momento e, em função disso, identificar as informações e as atividades que permitam a ela avançar do patamar de conhecimento que já conquistou para outro mais evoluído. Ou seja, não é o processo de aprendizagem que deve se adaptar ao de ensino, mas o processo de ensino é que tem de se adaptar ao de aprendizagem. Ou melhor: o processo de ensino deve dialogar com o de aprendizagem.

Nesse diálogo entre professor e aprendiz, cabe ao professor organizar situações de aprendizagem. Mas o que vem a ser isso? Elas consistem em atividades planejadas, propostas e dirigidas com a intenção de favorecer a ação do aprendiz sobre determinado objeto de conhecimento, e essa ação está na origem de toda e qualquer aprendizagem. Não basta, no entanto, que sejam planejadas, propostas e dirigidas para constituírem automaticamente boas situações de aprendizagem para os estudantes. Para terem valor pedagógico, serem boas situações de aprendizagem, as atividades propostas devem reunir algumas condições, respeitar alguns princípios. Boas situações de aprendizagem costumam ser aquelas em que:

- os estudantes precisam pôr em jogo tudo o que sabem e pensam sobre o conteúdo que se quer ensinar;
- os estudantes têm problemas a resolver e decisões a tomar em função do que se propõem produzir;
- a organização da tarefa pelo professor garante a máxima circulação de informação possível;
- o conteúdo trabalhado mantém suas características de objeto sociocultural real, sem se transformar em objeto escolar vazio de significado social.

É certo que nem sempre é possível organizar as atividades escolares considerando simultaneamente esses quatro pressupostos pedagógicos. Isso é algo que depende muito do tipo de conteúdo a ser trabalhado e dos objetivos didáticos que orientam a atividade proposta. Mas os princípios acima apontam uma direção, e é essa direção que convém não perder de vista.

ESTUDANTES PÕEM EM JOGO TUDO O QUE SABEM, TÊM PROBLEMAS A RESOLVER E DECISÕES A TOMAR

Juntos, os dois primeiros pressupostos formam o pano de fundo de uma proposta didática baseada na concepção de aprendizagem como construção. Nesse sentido, "pôr em jogo" o conhecimento que se tem não significa simplesmente usá-lo, mas arriscar-se: o aprendiz precisa testar suas hipóteses e enfrentar contradições, seja entre as próprias hipóteses, seja entre o que consegue produzir sozinho e a produção de seus pares ou entre o que pode produzir e o resultado tido como convencionalmente correto. Ao se falar em "problemas a resolver", não se está pensando em problemas matemáticos nem em perguntas para as quais se devem encontrar respostas. De uma perspectiva construtivista, o conhecimento só avança quando o aprendiz tem bons problemas sobre os quais pensar. É isso que justifica uma proposta de ensino baseada na ideia de que se aprende resolvendo problemas.

Construir situações que se orientem por esses pressupostos exige do professor competência para estabelecer os desafios adequados para seus estudantes, que são os que ficam na interseção entre o difícil e o possível. Se a proposta é difícil demais e impossível de realizar, o desafio não se instaura para o aprendiz, pois o que está posto é um problema insolúvel no momento. Se a proposta é possível mas fácil demais, não há sequer desafio colocado. Portanto, o desafio do professor é armar boas situações de aprendizagem para as crianças: atividades que representem possibilidades difíceis, mas coloquem dificuldades possíveis.

Para que o estudante possa pôr em jogo o que sabe, a escola precisa autorizá-lo e incentivá-lo a acionar seus conhecimentos e experiências anteriores fazendo uso deles nas atividades escolares. Essa autorização não pode ser apenas verbalizada pelo professor: é importante que ele prepare as atividades de maneira que isso seja de fato requisitado.

Certa vez, uma professora que iniciava um trabalho sobre os polos com os estudantes perguntou a eles o que sabiam sobre os pinguins. Foi um alvoroço, mas um menino que tinha se mudado para aquela escola naquele ano não falou nada. A professora então se dirigiu a ele e perguntou:

"João, você conhece pinguim?"

"Sim."

"Então, o que sabe sobre ele?"

"Nada."

"Como, nada? Algo você deve saber: como ele é, em que tipo de lugar ele mora."

"É que a minha professora não deu pinguim no ano passado."

"Não tem importância, aqui ninguém ainda estudou isso na escola, mas a gente aprende muitas coisas fora da escola."

"Eu, não. Só o que eu sei é o que eu vi nos programas da TV Cultura e nos desenhos."

A valorização dos saberes construídos fora das situações escolares é condição para que os estudantes tomem consciência do que e de quanto sabem. Esses, ou quaisquer conhecimentos que tenham, não são necessariamente conscientes, sistematizados ou corretos do ponto de vista adulto. Mas é certo que eles "estão em jogo" quando se aprende na escola, principalmente quando as propostas de ensino são planejadas para que assim seja.

Se em uma situação de aprendizagem da multiplicação, por exemplo, o professor tem como objetivo que os estudantes façam uso dos saberes que possuem e que realizem operações de forma mais econômica – como no jogo de dados, citado anteriormente –, deve propor atividades em que essas operações vão se tornando mais complexas, levando-os, de fato, a pôr em uso o que sabem, ao mesmo tempo que observam outras formas de resolução que não as próprias. O professor pode agrupar os estudantes em duplas para participarem de um jogo como o descrito a seguir, de maneira que fiquem juntos uma criança que realiza a operação utilizando procedimentos mais econômicos e outra que não o faz. Jogos que colocam em questão a agilidade na resolução dos cálculos requerem, dos que usam estratégias pouco avançadas, um esforço para aprender outras mais rápidas, que permitam ganhar tempo.

JOGO DE CAIXA DE FÓSFOROS

Material: 9 (ou 10) caixinhas de fósforos e palitos.
Participantes: 2 crianças ou 2 grupos.
Regras: o jogo envolve dois jogadores. Cada um deve pôr a mesma quantidade de palitos em cada caixinha. Pode usar 2, 3, 4, até 9 caixinhas, e só pode colocar até 9 palitos de fósforo em cada uma. Deve preparar escondido a jogada que será proposta ao oponente e colocar os palitos nas caixinhas para que ele diga quantos existem no total – esse é o problema que a ele é colocado. Um deles pega, por exemplo, 4 caixinhas e põe 5 palitos em cada. O oponente terá de dizer quantos palitos há ao todo sem tirar os palitos das caixas para contar. Quem acertar ganha 1 ponto.
Pontuação: ganha pontos quem conseguir dar a resposta correta. Se o que está na posição de dar a resposta errar, o que propôs o desafio deve saber a resposta, caso contrário perde 1 ponto.
Vencedor: ganha o jogo aquele que tiver mais pontos no final de 10 rodadas (ou outra quantidade que se combine previamente).

Um dos aspectos interessantes desse jogo é que o parceiro que propõe o desafio tem sempre de saber o resultado, porque, se não souber e tiver de conferir, o outro vai ver, já que estão de frente um para o outro. Geralmente, as crianças começam propondo cálculos com números baixos: 2 caixinhas com 3 palitos cada uma, 3 caixinhas com 2 palitos cada uma. À medida que vão se soltando, propõem coisas cada vez mais complexas. Adoram 9 vezes 9 ou 8 vezes 8. Uma das descobertas que fazem é que, assim como os dobros, os "quadrados" têm que ser memorizados, para facilitar. E começam a construir estratégias de multiplicação: 9 caixinhas com 9 palitos é o mesmo que 10 caixinhas com 9 palitos, menos 9 palitos; 8 caixinhas com 9 é igual a 81 (que já sabem de cor) menos 9. Dessa forma, as crianças vão compreendendo as propriedades da multiplicação e, consequentemente, ampliando seus conhecimentos matemáticos.

No entanto, o fato de se tratar de um jogo não garante, em si, que a situação de aprendizagem seja interessante: existem jogos que são extremamente enfadonhos, outros que não desafiam, por serem muito fáceis ou muito difíceis. A vantagem que um jogo do tipo descrito acima apresenta para quem está aprendendo multiplicação é o fato de configurar uma situação em que a agilidade no uso do tempo de resolução é um fator importante: o jogo fica mais interessante se as estratégias forem rápidas. Isso vai fazendo com que a tabuada seja aprendida de forma inteligente. A limitação do tempo – que é sempre uma variável em qualquer atividade humana – é importante na construção de estratégias aritméticas mais avançadas. Quando se restringe o tempo, as estratégias têm de se tornar mais econômicas, e isso, por sua vez, exige um aprofundamento em relação à natureza da operação que está sendo realizada e às suas propriedades.

Em qualquer área de conhecimento, é possível organizar atividades que representem problemas para os estudantes e que demandem o uso do que sabem para encontrar soluções possíveis.

Voltando aos princípios: quando dizemos que os estudantes devem ter problemas a resolver e decisões a tomar em função do que se propõem produzir, estamos nos referindo a uma questão de natureza ideológica, que tem enormes consequências de natureza pedagógica (e vice-versa). Não adianta lamentar que a maioria dos estudantes tenha como único objetivo em sua vida escolar tirar boas notas e passar de ano, pois é a escola quem lhes ensina isso. Ensina em atos, quando propõe tarefas cujo sentido escapa à criança e, frequentemente, ao próprio professor. É fundamental que os professores que têm compromisso político compreendam que é a alienação que educa para a alienação. Quando falo de tarefas cujo sentido escapa à criança, não estou me referindo a tarefas chatas, cansativas, e não estou propondo que se transforme a escola num parque de diversões. Aprender envolve esforço, investimento, e é justamente por isso que em cada atividade os estudantes devem ter objetivos imediatos de realização para os quais dirigir o esforço de equacionar problemas e tomar decisões. Esses objetivos não precisam emergir do seu interesse nem devem ser decididos por eles. Propostos pelo professor, constituem parte da própria estrutura da atividade, de tal forma que os estudantes possam apropriar-se tanto dos objetivos quanto do produto do seu trabalho.

Vou dar um exemplo. A produção de texto, ou, como é mais conhecida, a redação, é uma atividade presente em qualquer tipo de proposta pedagógica. O que varia é o momento em que se considera a criança apta a redigir textos. A discussão sobre se é necessário escrever convencionalmente ou não para começar a produzir textos envolve questões tanto do campo da linguística (o que é um texto) quanto do campo da pedagogia (é necessário aprender para poder redigir ou é necessário redigir para poder aprender?). Mas nossa questão neste momento não é essa, e sim o sentido do ato de redigir para o estudante.

Creio que ninguém discordaria de que escrever para que o texto seja lido é completamente diferente de escrever para que ele seja corrigido. São dois sentidos distintos que transformam o que aparentemente é a mesma atividade, a redação, em duas atividades completamente diferentes. A própria correção, como uma outra atividade, ganha sentido quando é tratada como um esforço de buscar maior legibilidade e permite ao estudante compreender que é necessário escrever dentro de padrões convencionais, não para agradar ao professor, e sim para que o texto possa ser lido com facilidade.

A ORGANIZAÇÃO DA TAREFA GARANTE A MÁXIMA CIRCULAÇÃO DE INFORMAÇÃO POSSÍVEL

Informação é tudo o que de fato "acrescenta". Livros e outros materiais escritos informam, a intervenção do professor informa, a observação de como um colega resolve uma situação-problema informa, as dúvidas informam, as dificuldades informam, o próprio objeto sobre o qual os estudantes debatem para aprender informa.

O conhecimento avança quando o aprendiz enfrenta questões sobre as quais ainda não havia parado para pensar. Quando observa como os outros as resolvem e tenta entender a solução que os outros dão. Isso é o que justifica a exigência pedagógica de garantir a máxima circulação de informação possível na classe. Significa permitir que as perguntas circulem e as respostas também, e que cada estudante faça com isso – que é informação – o que lhe é possível em cada momento. Para promover a circulação de informações é preciso que o professor aceite que seu papel é o de um planejador de intervenções que favoreçam a ação do aprendiz sobre o que é objeto de seu conhecimento. E que abra mão da posição de ser o único informante da classe – posição muitas vezes adotada não por autoritarismo, mas para evitar que os estudantes errem, pois, quando trocam livremente informações, expõem uns para os outros suas hipóteses, muitas vezes erradas. A preocupação em evitar o contato do estudante com a resposta errada é uma marca do modelo empirista de ensino e está relacionada à ideia de que ela vai se fixar em sua memória.

As crianças frequentemente reproduzem o padrão de comportamento que os adultos têm com elas. Numa classe onde o respeito intelectual com o processo de aprendizagem dos estudantes é baixo, é comum eles se vangloriarem dos seus saberes, gozarem e humilharem os outros quando dão respostas inadequadas. Numa classe onde o professor cultiva a cooperação e o respeito intelectual, eles costumam fazer o mesmo com os colegas. Quando o professor proporciona situações de intercâmbio e colaboração na sala de aula, eles podem trocar informações entre si, discutir de maneira produtiva e solidária e aprender uns com os outros. Para poder explicar para o colega que seu jeito de pensar está incorreto, o estudante precisa formular com precisão e argumentar com consistência – e essa é uma situação muito rica para sistematizar seus próprios conhecimentos. Quando se contradiz e percebe isso, pode reorganizar as ideias, e dessa forma seu conhecimento avança.

Num ambiente de respeito e solidariedade, os estudantes aprendem a dar as informações que julgam importantes para o colega. Em uma sala de aula onde essa prática é adotada, não é raro vê-los oferecendo informações parciais uns para os outros e escutar diálogos do tipo: "Agora, pensa para ver se você descobre", "Repare bem que você encontra a resposta". É comum, também, ver uma criança perguntando coisas do tipo: "Com que letra começa padaria?" e tendo como resposta: "É com a mesma letra do nome do Paulo" – uma resposta bastante diferente de: "Dá aqui que eu faço um 'p' para você", ou: "Não está vendo que é o 'p'?" E há, é claro, a possibilidade de o estudante que perguntou ouvir de seu colega: "Padaria?

Começa com 'a'"–, e se dar por satisfeito. O medo de que eles aprendam errado, numa hora dessas, faz com que muitos professores recuem e bloqueiem a circulação de informação.

Uma classe é, de certa forma, uma microssociedade. E o professor estabelece o seu modo de funcionamento, muito menos por ter montado um decálogo na parede – o que é muito interessante, desde que seja discutido com os estudantes –, mas, principalmente, por passar, através de seus próprios atos, quais as atitudes que devem ser valorizadas, quais não, que formas de relação são bem-aceitas, quais não. A classe incorpora isso tudo porque o professor está no comando e é referência.

Os estudantes muitas vezes discutem, defendem suas opiniões. E a atitude diante do que consideram um não saber do outro tem a ver muito, também, com o temperamento de cada um. Há crianças que não discutem, mas não arredam pé; outras até discutem, mas acabam cedendo. A questão central não é haver ou não discussão, mas sim que cada um consiga formular o seu argumento a favor ou contra uma dada questão. Aprende-se muito quando se está exposto a uma argumentação, e mais ainda quando se tem que defender um ponto de vista. O esforço de comunicar uma ideia sempre faz avançar a compreensão e é altamente produtivo do ponto de vista da aprendizagem.

A interação entre os estudantes não é necessária só porque o intercâmbio é condição para o convívio social na escola: ela é necessária porque informa a todos os envolvidos e potencializa quase infinitamente a aprendizagem.

O CONTEÚDO TRABALHADO DEVE MANTER SUAS CARACTERÍSTICAS DE OBJETO SOCIOCULTURAL REAL

Ao longo do século XX, foram sendo criadas práticas que se instalaram tão fortemente no senso comum a ponto de imaginarmos que sempre existiram, que tudo sempre foi assim. A ideia de que para aprender na escola era necessário que os materiais fossem produzidos especialmente para esse uso escolar criou uma espécie de muro que não deixava entrar na escola nada que fosse do mundo externo. No livro *Psicanálise da alfabetização*, Bruno Bettelheim mostra, por exemplo, como aconteceu uma involução dos textos através dos anos para ensinar a ler em inglês. Em nome de facilitar a aprendizagem, inventaram-se escritos que apresentam a leitura como uma atividade esvaziada de qualquer sentido.

No Brasil, esses escritos também constituíram uma marca registrada, principalmente da escolaridade inicial. Isso não quer dizer que a descaracterização dos conteúdos seja privilégio dos anos iniciais. Mais adiante pode-se encontrar outra invenção da escola: a redação escolar, um gênero que não existe em nenhum outro lugar além da escola. Trata-se, em geral, de um texto sem destinatário, que nunca será lido de fato, a não ser pelo professor, com o objetivo exclusivo de corrigi-lo.

E não é apenas o ensino da língua portuguesa que está cheio de criações escolares que em nada coincidem com as práticas sociais de uso da língua, objeto de ensino na escola. As demais áreas também possuem suas invenções específicas, todas elas.

Quando um estudante, como os que eu tinha em 1962, trabalha como vendedor na rua e não consegue resolver problemas matemáticos simples na escola, é de pensar o que foi feito do ensino da matemática que a torna algo tão pouco familiar. Claro que a questão que se coloca para os estudantes que vão bem nas contas "de rua" é diferente: na escola se aprende a linguagem matemática escrita, que é pouco usada na rua. Mas não se pode deixar de lado essa competência que o estudante já traz desenvolvida e sobrepor a escolarização a ela.

Toda ciência ou prática social, quando se converte em objeto de ensino escolar, acaba inevitavelmente sofrendo modificações. A arte é diferente da educação artística, o esporte é diferente da educação física, a linguagem é diferente do ensino de língua portuguesa, a ciência é diferente do ensino de ciências, e assim por diante. Mas é preciso cuidado para não produzir invenções pretensamente facilitadoras que acabam tendo existência própria. Cabe à escola garantir a aproximação máxima entre o uso social do conhecimento e a forma de tratá-lo didaticamente. Pois, se o que se pretende é que os estudantes estabeleçam relações entre o que aprendem e o que vivem, não se pode, com o intuito de facilitar a aprendizagem, introduzir dificuldades. Nesse sentido, o papel da escola é criar pontes, e não abismos.

No momento em que compreendemos que não é preciso simplificar tudo o que se oferece aos estudantes, que eles podem enfrentar objetos de conhecimento complexos – desde que o professor respeite e apoie a forma como vão penetrando essa complexidade –, também passamos a poder abrir a escola para o mundo e fazer dela um ponto de partida da aventura do conhecimento. Nunca o ponto de chegada.

O depoimento abaixo é fruto da reflexão de uma professora que estudou comigo por alguns anos. Mais do que mostrar como se pode converter em prática os pressupostos didáticos que definem uma boa situação de aprendizagem, ele revela o poder do compromisso de uma profissional preocupada de fato com a qualidade do ensino que oferece a seus estudantes.

> Há algum tempo tenho trabalhado com anos iniciais do Ensino Fundamental, na rede municipal de ensino de São Paulo, em classes compostas por estudantes que se encontram em diferentes momentos de seu processo de alfabetização.
> Inicialmente, ter estudantes com níveis muito diferenciados de conhecimento me deixava insegura e ansiosa para "homogeneizá-los".

Meu sonho era uma classe homogênea – como se isso fosse possível! Mas fui percebendo que, se bem aproveitada, a heterogeneidade era muito importante no processo de construção do conhecimento e que, para tirar proveito pedagógico dela, precisaria estudar muito, conhecer bem os estudantes e saber propor atividades em que eles pudessem aprender também uns com os outros. E foi isso que coloquei como tarefa para mim. Há alguns anos, venho me dedicando a aprender como ensinar, em uma mesma classe, estudantes com diferentes níveis de informação e conhecimento.

Passei a ser também uma defensora do critério da heterogeneidade para formação das turmas, pois, apesar da impossibilidade de montar uma sala verdadeiramente homogênea (os estudantes aprendem coisas o tempo todo e o seu conhecimento vai se modificando), havia todo um esforço na escola para agrupar os estudantes "mais parecidos".

Neste ano, tive uma turma de 3º ano do ciclo inicial (equivalente ao atual 4º ano do Ensino Fundamental) com 35 estudantes, dos quais 15 não compreendiam o sistema de escrita alfabética, ou seja: não liam nem escreviam. Entre os demais, havia aqueles que já faziam uso de convenções da escrita – ortografia, segmentação de palavras, pontuação etc. – e outros que ainda produziam textos sem segmentá-los em frases, em alguns casos nem mesmo em palavras, além de problemas de coerência. Para quem defendia a heterogeneidade como uma vantagem para a aprendizagem dos estudantes, era uma prova e tanto!

Após uma avaliação diagnóstica inicial, algumas questões se colocaram para mim:

- Como desenvolver um trabalho produtivo, considerando essa configuração de classe?
- Como agrupar os estudantes para que pudessem, sempre que possível, aprender uns com os outros? Que critérios utilizar para que os agrupamentos fossem sempre produtivos e não ocorressem situações do tipo "um faz e os outros copiam"?
- O que fazer para garantir situações didáticas de fato desafiadoras? Aquelas, como sempre diz a Telma, possíveis e difíceis ao mesmo tempo?

Como se vê, eram muitos os desafios. A questão era saber se, embora difíceis, eu conseguiria superá-los.

Tinha algumas ideias essenciais para orientar minha intervenção pedagógica, porém eram ainda insuficientes para me tranquilizar em relação ao que propor todo dia na sala de aula. Sabia que o trabalho deveria estar centrado fundamentalmente no texto e que trazer a diversidade textual para a escola é uma tarefa de todo professor. Sabia que, apesar de as atividades individuais também terem lugar no trabalho pedagógico, em uma turma muito heterogênea as situações de cooperação entre os estudantes são mais produtivas quando o critério de agrupamento[17], as atividades propostas e a intervenção do professor são pertinentes. Sabia que, em determinadas atividades, não poderia reunir estudantes com conhecimento muito diferenciado em relação ao conteúdo – por exemplo, aqueles que ainda nem utilizavam letras para escrever com os que já escreviam convencionalmente. Mas não sabia exatamente que textos eram mais apropriados em função dos objetivos das atividades, em que situações seria produtivo reunir estudantes com conhecimentos tão diferentes e em quais delas isso não seria adequado, não sabia exatamente quais as boas propostas de atividade, nem que intervenções pedagógicas seriam as mais adequadas numa classe como a minha.

O início do ano foi um momento muito difícil para mim. Eram tantas as questões que eu me colocava que vários colegas com os quais conversei acabaram achando que eu estava desacreditando do trabalho com classes heterogêneas. Foram eles que me ajudaram a refletir sobre o meu trabalho, me indicaram leituras, afirmaram algumas certezas compartilhadas.

Aprendi muitas coisas nesse processo de reflexão em busca de respostas para as questões que me angustiavam como professora. Estudei muito, discuti infinitas vezes com outros professores, pensei muito sobre o que iria fazer e sobre o que já tinha feito na sala de aula. Na verdade, faço isso até hoje, e sei que vai ser sempre assim. Dessa maneira, fui conseguindo planejar meu trabalho, buscando garantir interações possíveis e desafiadoras para todos, procurando definir o critério de agrupamento dos

17 Critérios de agrupamento: se o trabalho vai ser feito individualmente ou em dupla, trio, etc. Se os estudantes serão agrupados pela semelhança ou pela diferença entre seus saberes. Em resumo: quem trabalha com quem.

estudantes segundo os objetivos didáticos das atividades e considerando os diferentes saberes de que dispunham.
Passei a adotar a seguinte organização didática do trabalho:

- momentos em que todos realizavam a mesma proposta, individualmente ou em grupo;
- momentos em que, diante de uma mesma proposta ou material, realizavam tarefas diferentes, individualmente ou em grupo;
- momentos de propostas diversificadas: os grupos tinham tarefas diferentes em função de suas necessidades específicas de aprendizagem.

Para cada situação, o critério de agrupamento era o que eu considerava mais adequado, segundo meus objetivos didáticos.
O que vou descrever a seguir é apenas um pequeno *flash* com alguns exemplos do que foi esse trabalho, cujo principal propósito era que os estudantes aprendessem o mais possível. Não sei se aprenderam tudo o que poderiam, mas, no que dependeu de mim como professora, certamente aprenderam o máximo que me foi possível garantir. Restringi os exemplos à área de língua portuguesa, a que me sinto mais à vontade para tratar, pois tenho estudado mais sobre o assunto.
Situações em que todos os estudantes realizavam a mesma proposta. Um exemplo: a produção coletiva de texto na qual eu era a escriba. Planejávamos coletivamente o texto – um texto conhecido de todos, a ser reescrito, ou o relato de uma experiência vivida por eles, que são contextos em que faz sentido a produção coletiva, pois todos conhecem o conteúdo (do texto ou da experiência vivida). E eu ia escrevendo.
Outra possibilidade – mas, nesse caso, individual – era a escrita de textos curtos cujo objetivo didático era a possibilidade de avaliar como estavam escrevendo. Na verdade, qualquer atividade didática em que tenha sentido os estudantes fazerem da forma como conseguem é uma possibilidade desse tipo – e não são poucas.
Situações em que, a partir de uma mesma proposta ou material, os estudantes deveriam realizar tarefas diferentes.
Uma atividade desse tipo era a produção de texto em duplas, em que cada um tinha uma tarefa específica – nesse momento,

os estudantes que já estavam alfabetizados tinham a função de escribas e os demais, de produtores do texto.

Outra proposta: para um texto poético, conhecido de memória, os estudantes já alfabetizados tinham a tarefa de escrevê-lo, e os estudantes que se encontravam no início do processo de alfabetização tinham a tarefa de ordená-lo (tendo recebido tiras com os versos recortados, o que exigia o uso de estratégias de leitura).

Há muitas outras possibilidades, que eu fui descobrindo ou aprendendo com outros professores. Por exemplo, uma atividade como o preenchimento de palavras cruzadas era proposta aos estudantes já alfabetizados para que a realizassem da forma convencional – portanto, uma situação de escrita em que, no caso, estava em jogo para eles a ortografia (uso de ss, rr, ch, etc.). E, para os estudantes que ainda não escreviam alfabeticamente, a tarefa era de preenchimento da mesma "cruzadinha" consultando uma relação de palavras agrupadas por quantidade de letras. Encontrada a palavra considerada correta, os estudantes tinham que copiá-la no espaço correspondente – portanto, uma atividade de leitura e cópia, em que o que estava em jogo era o funcionamento do sistema alfabético. Isso porque, não tendo ainda compreendido a regra de geração do sistema de escrita, provavelmente a quantidade de quadradinhos da "cruzadinha" não iria coincidir facilmente com as hipóteses dos estudantes sobre a forma de escrever a palavra. E também porque – para garantir um nível de desafio adequado – na relação de palavras havia sempre muitas desnecessárias, várias delas com a mesma quantidade de letras e com as mesmas letras iniciais e finais. Essa circunstância obrigava os estudantes a analisarem as letras do meio das palavras para poderem escolher a adequada ao preenchimento. Veja: diante da necessidade de encontrar a palavra BARCO, o estudante poderia encontrar na lista, por exemplo, BARCO, BRAÇO e BANHO – todas começadas com B e terminadas com O. Portanto, para descobrir a correta teria de analisar as letras do meio da palavra. E, se estivesse acreditando que a palavra teria de ser escrita com duas letras apenas, por conseguir identificar somente duas partes ao pronunciá-la, então teria outro bom problema para resolver.

SITUAÇÕES DIVERSIFICADAS

Nesse caso, os grupos realizavam tarefas diferentes em função de suas necessidades específicas de aprendizagem. Essas eram situações em que eu agrupava os estudantes tendo como critério as dificuldades parecidas, o que favorecia uma intervenção mais dirigida de minha parte. Esse tipo de organização me permitia, às vezes, lançar mão da ajuda de estudantes que estavam em condições de monitorar a atividade dos demais, o que era de grande valia para mim e para a aprendizagem de todos.

Alguns exemplos desse tipo: o grupo de crianças em início do processo de alfabetização fazia, em duplas, atividades de leitura de textos poéticos conhecidos, tendo que ajustar o que conheciam de cor ao que sabiam que estava escrito; o outro grupo – de estudantes que já liam com autonomia – lia textos individualmente. Outra possibilidade: o grupo de crianças em início do processo de alfabetização escrevia, em duplas, uma lista de histórias lidas na classe e o outro reescrevia uma história de sua preferência, individualmente ou em duplas. E outra: um procurava, em duplas, palavras indicadas por mim em uma lista de personagens de histórias conhecidas e o outro revisava seus textos, primeiro individualmente, depois trocando com os colegas.

Nesse tipo de organização didática, minha prioridade era sempre a intervenção nos subgrupos de estudantes que ainda não liam por conta própria, uma vez que os demais já tinham maior autonomia para realizar as atividades propostas. E, como eu disse, em alguns casos, eu lançava mão da ajuda de alguns "monitores". Dessa forma, fui aprendendo a trabalhar produtivamente com turmas heterogêneas e a propor atividades difíceis e possíveis para os estudantes. Penso que o grande desafio do professor é descobrir como dificultar atividades que não colocam desafios, por serem muito fáceis, e como criar condições favoráveis para que as propostas que não são desafiadoras, por serem impossíveis de realizar, se mantenham difíceis, mas se tornem possíveis. Creio que o critério de agrupamento e a intervenção problematizadora do professor são os maiores aliados nesse sentido.

Agora, no final do ano, depois de muito trabalho, pude constatar, gratificada, quanto os estudantes aprenderam. Aprenderam muito, não só em relação aos conteúdos escolares, mas também em relação ao convívio social em um grupo como a sala de aula.

Suas atitudes melhoraram muito, e eles aprenderam a trabalhar em grupo e a ser mais solidários.

Dois estudantes apenas, por motivos que não vale a pena relatar neste momento, não compreenderam o sistema de escrita. Os demais conquistaram os objetivos do ciclo inicial e ingressaram no primeiro ano do ciclo posterior como leitores e escritores[18].

Uma das estudantes, a Ana Paula, que não compreendia o sistema de escrita alfabética no início do ano, teve um incrível avanço em relação ao seu próprio desempenho e chegou a superar toda a turma no que diz respeito à leitura. Foi realmente uma surpresa, uma linda surpresa. Ela tornou-se uma leitora voraz, interessadíssima, completamente autônoma: a leitura passou a fazer parte de sua vida, e é isso que importa. Tenho certeza de que essa é uma valiosa herança do trabalho que conseguimos realizar na classe.

Não foi, de forma alguma, um trabalho fácil. Não gostaria que este meu relato deixasse a impressão de que considero natural que os estudantes cheguem ao 4º ano do Ensino Fundamental sem escrever ainda alfabeticamente – acho que as crianças devem se alfabetizar o quanto antes, e sei que podem fazer isso desde os cinco ou seis anos. Porém, se a realidade que vivemos hoje permite que aos nove ou dez anos – muitas vezes, até mais – as crianças não tenham conquistado essa aprendizagem fundamental para sua vida, é preciso que nós, professores, não vacilemos em assumir, o quanto antes, a tarefa de ensiná-las a ler e a escrever. Em qualquer ano que seja.

Finalmente, quero compartilhar uma das muitas lições que aprendi nestes anos todos como professora: na sala de aula, não é fácil fazer um estudante que é diferente, porque "sabe menos", se tornar alguém imprescindível para o grupo, que "sabe mais". Mas não é impossível.

(Marly de Souza Barbosa, escola municipal, 1996)

18 Em 1996, quando esse relatório foi escrito, no município de São Paulo o 2º ciclo envolvia estudantes do 4º, 5º, 6º anos e o Ensino Fundamental era de oito anos.

6
QUANDO CORRIGIR, QUANDO NÃO CORRIGIR

O professor desenvolve dois tipos de ação pedagógica. Um deles é o planejamento da situação de aprendizagem, para a qual tenta criar as condições ideais: oferecer informações, montar propostas de trabalho de tal forma que o estudante possa pôr em jogo o que sabe, arriscar-se, avançar e compreender mais à frente do que sabia. O outro eixo do seu trabalho é a intervenção propriamente dita no processo que está acontecendo, no qual o estudante, os grupos ou a classe, diante de uma situação proposta, realizam coisas e o professor participa, desenvolvendo vários papéis.

O professor mantém em suas mãos o pulso da atividade e o olhar atento, para fazer o tempo todo as correções de rota necessárias. Se percebe que algumas crianças tomam um caminho que não é o ideal para a situação de aprendizagem, tem de responder imediatamente. É o que chamamos "jogo de cintura" do professor. Muitas vezes, é preciso mudar o rumo das coisas para dar conta do processo real que se apresenta, de situações ou contextos não previstos quando a atividade foi planejada – já que os estudantes, quando têm como proposta realizar determinada tarefa, põem-se a fazê-lo conforme lhes é possível em cada momento.

Uma intervenção clássica é a correção. Não é a única intervenção possível, nem a mais importante, mas é a que mais tem preocupado os professores.

Quando a prática do professor está carregada da convicção de que o seu papel é, fundamentalmente, o de corrigir o estudante, fica evidente que, para ele, aprender é substituir respostas erradas por respostas certas. Numa concepção construtivista de aprendizagem, a função da intervenção do professor não é essa, mas a de atuar para que os estudantes transformem seus esquemas interpretativos em outros que deem conta de questões mais complexas que as anteriores. Isso não significa que a correção perde função. Na verdade, podemos dizer que a correção é algo relacionado a qualquer situação de aprendizagem, o que varia é como ela é compreendida pelo professor.

Pode-se pensar a correção de várias formas. A tradição escolar normalmente vê a correção que o professor realiza fora da sala de aula, longe dos olhos dos estudantes, como a principal. Compete-lhe marcar no trabalho realizado aquilo que o estudante errou, para que o erro seja corrigido e não fique presente no produto do trabalho do estudante. Como diz o professor Lino de Macedo[19], essa é a perspectiva do empirismo, muito exigente com a transmissão. Não se pode "facilitar" com a transmissão, devemos fazê-la o melhor possível, sem o risco de perpetuar o erro.

Se o que o professor estiver corrigindo for uma redação, por exemplo, e ele levar até o fim a situação de correção, provavelmente proporá que o estudante passe o trabalho a limpo, corrigido. Atrás dessa proposta existe a convicção de que, se o

19 MACEDO, Lino de. *Ensaios construtivistas*. São Paulo: Casa do Psicólogo, 1994.

erro permanecer – e a palavra escrita é certamente permanente –, ele poderá fixar-se na memória dos estudantes. Essa forma de lidar com o erro responde a uma concepção que supõe a percepção e a memória como núcleos na aprendizagem.

Outra visão de correção é a que gosto de chamar de "informativa". Ela carrega a ideia de que a correção deve informar o estudante e ser feita dentro da situação de aprendizagem. O professor a realiza durante a própria situação de produção, levantando questões que ajudem o estudante a perceber certas incorreções ou simplesmente apontando diretamente uma incorreção que, segundo sua avaliação, o estudante possa reconhecer, aproveitando a informação que lhe está sendo oferecida. Por exemplo: numa classe onde as crianças já escrevem alfabeticamente, o professor passa e vê uma criança que escreveu CUADO (quando). Ele pode simplesmente dizer: "Leia para mim o que está escrito aqui", ou: "Preste atenção em como você escreveu essa palavra. Pense e me diga se é assim mesmo que se escreve", ou: "Procure essa palavra no dicionário", ou ainda: "De que outras formas você poderia escrever isso?" Se essa questão não for exclusiva de determinado estudante, o professor pode – se não for atrapalhar o desenvolvimento da atividade que está sendo realizada – simplesmente abrir a questão para a classe e dizer: "Alguém quer, por favor, escrever a palavra 'quando' na lousa?", e levantar assim uma discussão.

OS ERROS DEVEM SER CORRIGIDOS NO MOMENTO CERTO. QUE NEM SEMPRE É O MOMENTO EM QUE FORAM COMETIDOS

A discussão do erro assumiu um papel importante nos últimos tempos por motivos diferentes e até opostos. Primeiro, foi importante perceber o mal que fazíamos aos nossos estudantes quando desconsiderávamos seus conhecimentos com o famoso "tá errado" da caneta vermelha. A ideia de erro construtivo abriu um mundo desconhecido que fascinou muitos de nós, educadores. Passamos a viver certo encantamento com os "erros": é de fato maravilhoso ver uma criança pequena escrevendo, dentro de um sistema silábico, poesias, parlendas ou histórias. Então, nos tornamos leitoras entusiastas de textos com escrita silábica. Quando as crianças passavam a escrever alfabeticamente, era mais lindo ainda! Até aí tudo bem, mas as crianças mais velhas e alfabetizadas escreverem errado nunca alegrou ninguém.

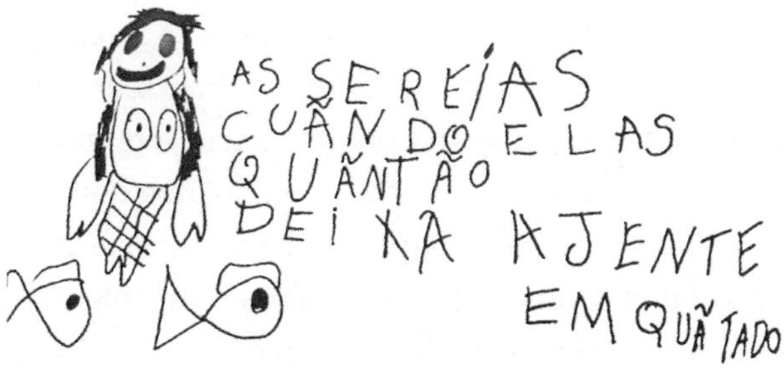

Poema escrito por Danilo, 6 anos.

No caso da ortografia, que mobiliza tanto os professores, fica claro que a correção se define pelo momento da aprendizagem em que os estudantes estão. Se a criança ainda nem escreve alfabeticamente, e para escrever cachorro usa menos letras do que precisa – por exemplo, KXO –, deve o professor insistir com ela que não é com X que se escreve, mas com CH, ou que o som expresso pelo K deveria ser escrito com CA? Certamente que não, pois isso não faz sentido ainda para ela. Além de inútil, poderá deixá-la atônita, porque ela não sabe sequer do que o professor está falando. Para essa criança, a intervenção adequada é aquela que a ajuda a transformar suas ideias sobre a escrita, isto é, aquela em que o professor cria situações nas quais ela possa pôr em jogo sua hipótese sobre a escrita, que nesse momento é silábica.

Quando, num outro momento, um estudante escreve *caxoro*, o professor precisa intervir na questão ortográfica e considerar cuidadosamente a melhor forma de fazer isso. Se naquele momento a criança está escrevendo uma história, e articulando o fluxo das ideias, interrompê-la para corrigir a ortografia não faz sentido, a não ser que ela mesma pergunte: "Cachorro é com 'x' ou com 'ch'?", e aí, é claro, o professor deve responder. Isso não significa que ele não vá trabalhar com situações de reflexão sobre a ortografia, mas que vai priorizar, naquele momento, o desenvolvimento da escrita do texto, criando uma nova oportunidade, em um outro momento, para intervir especificamente na aprendizagem da ortografia. Esse novo momento poderá ser apoiado naquele texto em particular para aquela criança ou para um trabalho coletivo, no qual o professor tratará questões ortográficas comuns a várias crianças da classe.

O que deve ser repensado é a concepção mais tradicional de correção, apoiada na ideia de que ela tem um caráter cirúrgico, precisa ser feita no ato, em cima do erro. Muitos professores, e mesmo os pais, consideram que o erro não corrigido ficará para sempre na memória do aprendiz. Isso não é verdade. Se a criança escrever *cachoro* uma vez, não significa que ela nunca vá aprender que "cachorro" é escrito com dois erres e não com um só, já que essa é uma ocorrência regular na língua. Além do mais, se simplesmente ver levasse as crianças a aprenderem a escrever, aos 8 anos ninguém mais cometeria erros ortográficos, porque o que mais veem é a escrita correta. Por que haveríamos de crer que a criança vê repetidas vezes a forma certa e não a fixa e, num rápido e eventual contato com o errado, fixa o erro?

Assim, entre o "tudo pode" e o "nada pode", entre o "não se deve deixar nem a sombra do erro" e o "agora não é mais para corrigir" existe um enorme espaço para a atuação inteligente do professor – como pode ser observado no depoimento seguinte.

> Quando eu era professora de uma classe de pré (atual 1º ano do Ensino Fundamental), vivia fascinada por ser testemunha e parceira do processo de alfabetização das crianças.
> Uma das características mais marcantes desse momento é a consciência e, por conseguinte, a preocupação que as crianças começam a ter em escrever convencionalmente ou, nas palavras delas, "escrever certo". Na educação infantil, se você pedir às crianças que escrevam alguma coisa, na grande maioria das vezes elas não têm o menor pudor: pegam o papel, o lápis ou caneta e se põem a escrever. Mas no pré, como alguns já começam a escrever convencionalmente, outros ficam meio intimidados e não querem se expor.
> Esse é um dos maiores desafios do professor. Nossa expectativa é que eles escrevam e, a partir dessa produção, possamos colocar questões e problematizar para que avancem nas suas ideias sobre a língua escrita. Mas e quando pedimos que escrevam e eles dizem que não sabem escrever? Aí é uma encrenca. Eu vivi essa situação. Quando os estudantes começavam a mostrar resistência para escrever, eu ficava perturbada. Afinal, era verdade que eles não sabiam. A única coisa que sobrava, e que eu achava correto, era dizer: "Escreva do seu jeito".
> No primeiro momento isso até funcionou. Eles se despreocupavam, relaxavam e acabavam escrevendo. O problema é que algumas crianças começaram a achar que escrever do jeito delas era sinônimo de escrever de qualquer jeito. Resultado: eu tinha que engolir qualquer coisa porque, afinal, era do jeito delas. Ficou claro também que estavam realizando produções inferiores ao que seriam capazes de fazer.
> Percebendo isso e discutindo com outros professores que também estavam sentindo esse problema, acabamos encontrando uma solução. Passamos então a pedir que as crianças escrevessem "da melhor maneira possível" ou "do melhor jeito que conseguissem". Passamos também a chamar a atenção das crianças para que utilizassem conhecimentos sobre os nomes deles e dos colegas, que olhassem as

listas (de histórias conhecidas, de materiais etc.) que havia na classe, que procurassem no alfabeto letras que pudessem servir etc. Creio que foi um salto de qualidade para a nossa atuação como professores. Desse modo, as crianças não se sentiam obrigadas a escrever convencionalmente, com medo de estar fazendo errado, e, ao mesmo tempo, não se contentavam com pouco.

(Cláudia Aratangy, classe de pré, atual 1º ano do Ensino Fundamental, escola particular)

OS ESTUDANTES SABEM O QUE ACHAMOS IMPORTANTE QUE ELES APRENDAM, MESMO QUE NÃO FALEMOS NADA

No extremo oposto ao do professor que não permite a sombra de um erro está o professor que – continuo com os exemplos de língua portuguesa e ortografia – permite todos. Por não querer bloquear a criatividade do estudante, acaba deixando que ele escreva de qualquer jeito. Essa postura educacional acaba consolidando um contrato didático implícito, pois de alguma forma o estudante percebe que o professor não valoriza esse tipo de conhecimento e acaba por desvalorizá-lo também, não investindo nessas aprendizagens. As crianças sabem o que achamos importante que elas aprendam, mesmo que não digamos nada. Se um professor enfatiza que escrever corretamente é importante, mas não dedica muito do tempo escolar às atividades de reflexão sobre a ortografia, estará mostrando – na prática e com muito mais força – que não é tão importante assim o que recomenda. Da mesma forma, quando aceita que o estudante escreva errado palavras já bem conhecidas, também estará concordando com essa maneira de escrever.

É importante que o professor tenha claro que certos erros, depois de um tempo de escolaridade, são inaceitáveis. Uma criança alfabetizada que copia as lições no caderno não pode escrever "lissao de caza" ou "resouva os problemas". Para situações como essa, ele pode fazer um trato com todos os estudantes: "Essas palavras não podem mais ser escritas errado". A lista dessas palavras é um instrumento eficiente não só para que o estudante escreva certo, mas também para que tenha certeza de que escrever certo é importante e necessário.

As correções feitas pelo professor não podem ser todas da mesma natureza, porque os conteúdos não o são. Não é da mesma natureza trabalhar com cálculo mental e com os diferentes gêneros literários. Em cada situação há várias formas de fazer o estudante saber o que errou, onde errou, por que errou, de maneira a ajudá-lo a avançar. Há ocasiões, também, em que apontar o erro é inútil – como vimos no caso da escrita silábica –, porque o aprendiz não tem ainda como modificar o que está produzindo na direção pretendida pelo professor naquele momento. No geral, pode-se, sim, apontar o erro. Resta saber se o professor está corrigindo porque "professor tem de corrigir", se, corrigindo, ele está ensinando.

É evidente que, para perceber em que momento o seu estudante está e a partir daí intervir corretamente, o professor precisa estar instrumentalizado. Numa época em que sabíamos muito pouco sobre as questões da textualidade, sobre os recursos coesivos, uma professora de 3ª série (atual 4º ano do Ensino Fundamental) com quem eu trabalhava vivia angustiada. Ela sempre propunha atividades de escrita bem preparadas, com leituras prévias de bons textos para inspirar a escrita dos estudantes, mas não sabia como intervir para que avançassem na organização textual. Muitos escreviam bem, outros tinham um texto que não fluía. Para intervir na coerência e coesão dos textos destes últimos, a única coisa que conseguia fazer era apontar onde não estava bom para que eles refizessem. A seguir reproduzo um trecho de seu diário.

Estou perdida, definitivamente não sei como intervir nos textos dos estudantes para que avancem. Tenho sentimentos ambíguos. Proponho atividades de escrita de contos bem preparadas, leio muito para eles para que se inspirem, analiso como os bons autores escrevem. Todos adoram nossas leituras e discussões. Hoje começaram a escrever um conto de terror. Cheguei em casa e comecei a ler. Algumas das produções me deixaram animadíssima, estavam bem-feitas, com o uso de diversos recursos para criar um clima de pavor. Outras eram fracas, sem graça, não incorporavam à produção nada das contribuições que eu havia preparado anteriormente. Um exemplo é a história do Rafael, meia página, cheia de erros ortográficos e ainda sem sentido. O que fazer com ele? Corrigir os erros? Dizer que precisa desenvolver o texto? Acho que vou sentar com ele e pedir que diga tudo o que pensou em escrever, pois ele participou muito das discussões que fizemos sobre os textos de terror, e parecia cheio de ideias. Quem sabe posso recuperá-las com ele e traçar um roteiro para que escreva novamente. Em compensação, o do Maurício estava demais, li para todos em casa e fez o maior sucesso. Apenas algumas questões... Esse conto mostrou como ele melhorou em relação aos contos anteriores.
Mas o que me perturbou mais, por incrível que pareça, foi o conto do Guilherme. Muito bom, como de costume, ele está virando um excelente escritor, mesmo, mas algumas partes são incompreensíveis. A trama é interessante e cheia de ideias, mas alguns parágrafos são extremamente confusos, com uma escrita enrolada. Parece que sai de um lugar e não chega a nenhum outro. Como sempre, marquei com um traço na margem da folha os parágrafos que precisava arrumar. O que acontece é que cada vez que eu faço isso ele desanima e simplesmente corta o parágrafo, dando um jeito de a história não precisar dele. Eu sinto que com isso não estou ajudando em nada. Acabo deixando a história dele menos interessante do que poderia ficar. E o pior: ele, que escreve muito bem e bastante, acaba por ter mais coisas para revisar do que a Mariana, que escreve umas histórias pequenas e mais simples.

(Trecho de diário de Ana Rosa Abreu, escola particular, 3ª série, atual 4º ano, 1987)

Essa professora costumava anotar ao lado do parágrafo que ela achasse mal escrito a palavra "confuso" e devolver ao estudante para que ele arrumasse. Como tudo o que ela oferecia ao estudante era o seu julgamento, as crianças ficavam aflitas e começavam a simplificar o texto, escrevendo o mínimo possível para tentar garantir o acerto. Isso é muito comum: os estudantes escrevem pouco para errar pouco. O Guilherme, que escrevia muito bem, também reconhecia que partes dos seus textos não estavam claras, mas não tinha recursos para escrever orações subordinadas como queria. Tentando ousar e escrever mais "bonito", como os autores que lia, usava conectivos inadequadamente. Com esse tipo de intervenção da professora, em vez de melhorar, acabava empobrecendo a própria produção. Para ajudá-lo, era necessário a professora procurar compreender as suas reais dificuldades e encontrar formas de intervir que lhe informassem não apenas que aqueles trechos estavam confusos, mas também como melhorá-los. É preciso que a correção seja informativa para o estudante e que o instrumentalize para superar as dificuldades.

Se a correção incide apenas sobre o produto final, o professor poderá ter uma lição sem erros, o que não significa que o estudante tenha aprendido. Mas, quando é sobre o processo de aprendizagem, ela é fundamental, porque corresponde exatamente à intervenção que se espera do professor – chamar a atenção do estudante para alguma inadequação da atividade que está sendo realizada, reorientar a ação do aprendiz, alertá-lo de algo que ele não considerou ou percebeu, levantar questões que o ajudem a pensar sobre aspectos de que ele não tinha se dado conta. Porque o objetivo do ensino é que o estudante aprenda e produza cada vez mais e melhor, não que faça lições sem erros ou que tenha um caderno "perfeito".

7

A NECESSIDADE E OS BONS USOS DA AVALIAÇÃO

Quando um professor pensa que ensino e aprendizagem são duas faces de um mesmo processo, faz sentido acreditar que, ao final dele, só existam duas alternativas: o estudante aprendeu ou não aprendeu. Diferentemente disso, se ele vê a aprendizagem como uma reconstrução que o aprendiz tem de fazer dos seus esquemas interpretativos e percebe que esse processo é um pouco mais complexo do que o simples "aprendeu ou não aprendeu", algumas questões precisam ser consideradas.

Uma delas é a necessidade de saber o que a criança já conhece no momento em que lhe é apresentado um conteúdo novo, já que o conhecimento a ser construído por ela é, na verdade, uma reconstrução que se apoia no conhecimento prévio de que dispõe. O conhecimento prévio é o conjunto de ideias, representações e informações que servem de sustentação para essa nova aprendizagem, ainda que não tenham, necessariamente, relação direta com o conteúdo que se quer ensinar. Como já vimos, investigar e explorar essas ideias e representações prévias é importante porque permite saber de onde vai partir a aprendizagem que queremos que aconteça. Conhecer essas ideias e representações prévias ajuda muito na hora de construir uma situação na qual o estudante terá de usar o que já sabe para aprender o que ainda não sabe.

Essa necessidade de avaliar no início do processo é característica da relação entre ensino e aprendizagem vistos por uma ótica construtivista. Nela, a informação que o estudante recebeu anteriormente por meio do ensino não define o conhecimento prévio, porque esse constitui toda a bagagem de saberes que a criança tem, oriundos de diferentes fontes e que são pertinentes para a nova aprendizagem proposta. Portanto, ter conhecimento de quais foram os conteúdos ensinados anteriormente ao estudante não permite identificar o que ele já sabe: nem sempre ele aprende o que foi ensinado e, como o conhecimento não se organiza de forma linear, as coisas não funcionam tão simplesmente quanto "agora posso ensinar B porque no bimestre passado já foi ensinado A".

Tendo mapeado o conhecimento prévio dos estudantes, nessa espécie de avaliação inicial, e pondo em prática as situações planejadas para levá-los a avançar, o professor passa a precisar de outro instrumento para verificar como eles estão progredindo, já que o conhecimento não é construído igualmente, ao mesmo tempo e da mesma forma por todos. Esse instrumento é a avaliação de percurso – "formativa" ou "processual", como muitos a chamam – feita durante o processo de aprendizagem. Ela serve para verificar se o trabalho do professor está sendo produtivo e se os estudantes estão, de fato, aprendendo com as situações didáticas propostas. Como um observador privilegiado das ações do aprendiz, o professor tem condições de avaliar o tempo todo, e é essa avaliação que lhe dá indicadores para sustentar sua intervenção. Mas isso é diferente de planejar e implementar uma atividade para avaliar a aprendizagem.

Ao montar uma situação de avaliação, o professor precisa ter clareza sobre as diferenças que existem entre situações de aprendizagem e situações de avaliação.

Um ditado, por exemplo, pode ser uma situação de aprendizagem para estudantes que ainda não escrevem convencionalmente e também uma situação de avaliação do seu conhecimento sobre a escrita. Se o objetivo é descobrir o que cada criança sabe, quem dita é o professor, e o ditado será uma tarefa individual, para a realização da qual ela não poderá recorrer a fontes de consulta nem à troca de informação com os colegas. No entanto, se o objetivo for a aprendizagem, todas essas restrições caem por terra. Aí até o autoditado é interessante, como nas situações em que as crianças escrevem poemas, parlendas ou canções que sabem de cor. Se o objetivo é a aprendizagem, quanto mais informação circular, melhor; quanto mais se compararem as produções individuais, melhor; em resumo, a "cola" é livre e bem-vinda. O que é um disparate de um ponto de vista empirista, que não vê sentido no intercâmbio entre "ignorantes" e nem na ideia de pôr em jogo o que se sabe para avançar. Como se vê, as fronteiras são tão radicais que a ideia de "mesclar" concepções de ensino é, como já vimos, no mínimo perigosa. Mas, voltando: por que é tão importante saber as diferenças entre situações de aprendizagem e situações de avaliação? Porque, quando não há essa distinção, os professores acabam propondo atividades formatadas como de avaliação pensando que estão ensinando. Dessa forma, não fazem nem uma coisa nem outra. Então, qual o sentido de insistir em ditados individuais, tipo prova, diariamente, em uma classe de alfabetização, ou de solicitar redações, sem que se tenha ensinado a criança a produzi-las, apenas para dar nota?

A AVALIAÇÃO DA APRENDIZAGEM É TAMBÉM A DO TRABALHO DO PROFESSOR

Avaliar a aprendizagem do estudante é também avaliar a intervenção do professor, já que o ensino deve ser planejado e replanejado em função das aprendizagens conquistadas ou não. Certa vez, uma professora cuja orientação pedagógica estava sob minha responsabilidade solicitou que eu observasse, com uma certa urgência, a realização de uma atividade de resolução de problemas em sua classe, um 3º ano. Num dos encontros anteriores com ela, eu havia sustentado que era possível propor aos estudantes problemas matemáticos que implicassem divisão, antes do trabalho com o algoritmo da operação, pois essa seria uma atividade interessante para que eles usassem seus conhecimentos sobre as outras operações para chegar ao resultado.

Essa professora concordava que, para encontrar solução para problemas desse tipo, os estudantes poderiam fazer uso de diferentes estratégias. No entanto, diante da atividade que propôs, os estudantes haviam ficado bloqueados, não tendo conseguido pôr em uso seus conhecimentos matemáticos e dizendo que não sabiam dividir. Como não conseguiu convencê-los, até o final do dia, de que poderiam dividir mesmo sem saber como fazer a conta, pediu-lhes que tentassem resolver em casa. No dia seguinte, chegaram com contas de divisão ensinadas pelos pais ou irmãos mais velhos: uns diziam que tinham entendido um pouco, mas não conseguiam realizar as contas; outros, que nada entenderam. Resultado: pediram a ela que ensinasse como fazer a conta com a chave. Por isso ela estava me procurando para ajudá-la a resolver, por sua vez, o seu problema.

Discutimos bastante a questão, mas ela não apresentou elementos que me fizessem compreender o que teria acontecido, já que, em relação à adequação da atividade proposta, não havia qualquer dúvida. Fui, então, observar uma atividade semelhante em sua classe. Quando cheguei, ela estava colocando alguns problemas do mesmo tipo na lousa, e de imediato entendi onde estava o "defeito" da situação proposta. Antes de escrever os problemas na lousa, havia um título destacado: "Problemas de divisão". Essa professora estava convencida de que os problemas matemáticos são sempre de alguma operação específica, que se deve anunciar *a priori*. Como poderiam, então, os estudantes utilizar outros conhecimentos matemáticos para resolvê-los se a própria professora não acreditava nisso? Afinal, ela mesma estava dizendo que o problema era "de divisão".

Nessa semana, tivemos uma ótima reunião de orientação pedagógica, da qual saiu a próxima atividade de resolução de problemas a ser proposta: "Problemas de uma festa de aniversário na classe". Ao realizá-la, as crianças utilizaram diferentes recursos para saber quantos brigadeiros seriam precisos se cada um comesse quatro, quantos sanduíches cada um poderia comer se tivéssemos apenas quarenta, e assim por diante. Fizeram inúmeras divisões sem a chave, que resultaram, inclusive, em números não inteiros – o que não é nada anormal para quem divide lanches no recreio... Essa nova atividade tornou possível verificar que conhecimentos matemáticos os estudantes já possuíam e como cada um fazia uso deles.

O professor precisa de recursos para compreender o que acontece com os estudantes e para poder refletir sobre a relação entre as suas propostas didáticas e as aprendizagens conquistadas por eles. Exemplos como o que acabo de descrever evidenciam a necessidade de espaços coletivos de discussão do trabalho pedagógico na escola e a importância da prática de observação de aula pelo coordenador pedagógico – ou mesmo por um colega que ajude a olhar de fora. Porque o professor está quase sempre tão envolvido que, às vezes, não lhe é possível enxergar o que salta aos olhos de um observador externo.

SE A MAIORIA DA CLASSE VAI BEM E ALGUNS, NÃO, ESTES DEVEM RECEBER AJUDA PEDAGÓGICA

Quando, numa atividade para verificar uma aprendizagem determinada, a maioria dos estudantes vai mal, é certo que o professor não está acertando e precisará rever o seu encaminhamento. Se a maioria da classe vai bem e alguns, não, estes devem ser atendidos imediatamente através de outras situações didáticas que possibilitem a superação de suas dificuldades.

No momento em que alguns estudantes começam a se mostrar perdidos e atrapalhados em relação aos conteúdos trabalhados, a escola que assume responsabilidade com a aprendizagem de todos tem obrigação de criar um sistema de apoio para que eles não se percam pelo caminho. Suas dificuldades precisam ser detectadas rapidamente para que eles sejam apoiados, continuem progredindo e não desenvolvam bloqueios.

Diante de situações que provocam sentimento de impotência, a saúde mental das crianças – das pessoas em geral, na verdade – exige que elas se desinteressem, porque é da condição humana não suportar o fracasso continuado. Portanto, antes que os estudantes desistam de aprender o que não estão conseguindo, a escola precisa criar formas de apoio à aprendizagem.

Existem diversas possibilidades de atendê-los: por meio de situações didáticas com o objetivo de responder às suas necessidades de aprendizagem durante a aula, através de trabalho conjunto desses estudantes com colegas que possam ajudá-los a avançar, mediante intervenções pontuais que o professor pode propor. Além dessas, que são propostas realizadas na classe, às vezes vale a pena o encaminhamento dos estudantes a espaços escolares alternativos, que acolham aqueles com dificuldades momentâneas, exatamente para garantir que elas sejam momentâneas. É quando se deve dispor, na escola, de grupos de apoio pedagógico que se formam exatamente com a finalidade de contribuir para a aprendizagem dos estudantes que estão encontrando dificuldades em relação ao ensino de novos conteúdos.

As escolas podem elaborar projetos que garantam horários de atendimento desses estudantes antes ou depois da aula. Podem definir propostas de parceria com professores substitutos ou estagiários dentro do horário de aula, de tal forma que tenham um cronograma de atendimento das diferentes classes. Podem criar um sistema de apoio que implica reagrupamento das turmas em alguns dias da semana, também dentro do horário de aula. Podem fazer o que considerarem mais conveniente. Só não podem deixar as crianças irem acumulando dificuldades, pois isso impede que a escola cumpra com o seu papel de ensinar.

Importante é que os estudantes entrem e saiam dessas atividades de apoio pedagógico na medida de suas necessidades, que não fiquem estigmatizados por participarem delas, que isso seja visto como parte integrante da escolaridade normal de qualquer um. Para tanto, é preciso explicitar muito bem as bases do contrato didático que rege esse trabalho, a fim de que todas as crianças saibam exatamente qual é a sua finalidade e compreendam que não se destina aos menos inteligentes.

Quando a escola não assume que o apoio pedagógico é uma responsabilidade sua, os professores e estudantes ficam abandonados à própria sorte. Os professores, porque nem sempre conseguem encontrar alternativas para garantir a aprendizagem dos estudantes, e estes, por sua vez, porque não conseguem superar suas dificuldades momentâneas de aprender e acabam se transformando em crianças com dificuldades de aprendizagem. Assim, por falta total de possibilidades de alterar esse quadro, todos desistem, professores e estudantes, e o fracasso escolar se cristaliza e se avoluma.

A tradição brasileira tem sido a de que a escola faz a sua parte e não tem nada a ver com a forma como os estudantes resolvem suas dificuldades. Mas essa estranha crença, lentamente, vem se transformando. Torna-se cada vez mais claro que essa postura, entre outras coisas, reforça uma injustiça social muito grande, porque as crianças da classe média, sempre que precisam, recebem ajuda extraescolar. E as crianças menos favorecidas economicamente, que compõem a grande maioria da escola pública e dificilmente contam com algum tipo de apoio à aprendizagem fora da escola – em geral, e principalmente, por causa da baixa escolaridade dos seus pais, mas também devido à falta de condições econômicas –, ficam desamparadas também na escola.

O texto que se segue é parte de um relato de trabalho com grupos de apoio pedagógico. Nele, pode-se ver que o compromisso e a disponibilidade dos professores para encontrar soluções criativas são grandes aliados da aprendizagem dos estudantes. E que uma intervenção pedagógica adequada é decisiva.

> A ideia do Grupo de apoio pedagógico aos estudantes surgiu porque nós, professoras do 1º ano do ciclo inicial da escola, observamos que, àquela altura, havia por volta de 50% dos estudantes de 1ª série, atual 2º ano, ainda não alfabetizados.[20] Embora nossa escola tenha a escolaridade organizada em ciclos – como todas as escolas municipais da cidade de São Paulo –,

20 Atualmente, considerando o avanço nas pesquisas e as novas orientações curriculares, compreendemos que no 1º ano a criança está no processo de construção do sistema de escrita e, portanto, o grupo de apoio pedagógico, quando necessário, acontece a partir da segunda metade do 2º ano de escolaridade.

em nenhum momento concebemos que isso significaria estender a alfabetização por três anos (período que compõe o 1° ciclo[21]). A experiência de muitos professores tem mostrado que, com uma intervenção pedagógica planejada a partir do conhecimento disponível, já há mais de uma década, sobre o processo de aprendizagem da língua escrita, a grande maioria dos estudantes se alfabetiza em um ano. Assim, no momento em que os ciclos são instituídos, uma das discussões mais importantes a fazer é a das expectativas de alcance que vão orientar o trabalho de cada ano do ciclo. Do contrário, corremos o risco de começar a acreditar que todos os estudantes "precisam" de três anos para aprender a ler e escrever, o que seria um absurdo.

Em nossa escola, a compreensão do sistema alfabético da escrita sempre foi uma expectativa de alcance do 1ª ano do ciclo: todo o nosso trabalho se organiza para que os estudantes se alfabetizem o quanto antes, pois sabemos como isso é importante para eles. E a grande questão que se colocava para nós, em 1994, era como atender às diferentes necessidades de aprendizagem dos estudantes em seu processo de alfabetização sem fazer remanejamento nas turmas, pois desde aquela época nenhuma professora do nosso grupo considerava essa uma medida adequada.

Uma outra professora e eu já estávamos realizando um conjunto de atividades com nossas turmas, de forma a atender a esse tipo de necessidade nos diferentes grupos de estudantes. Mas, além desse trabalho, acreditávamos que algo mais era necessário para atender de modo mais eficaz a diversidade de saberes e necessidades de aprendizagem das crianças.

Como na escola particular onde trabalho há alguns anos no período da tarde desenvolvemos a proposta de Grupo de apoio pedagógico desde 1993, com bastante sucesso, apresentei-a à equipe de professoras de 1ª ciclo, que resolveu discuti-la seriamente. O Grupo de apoio pedagógico é uma das possibilidades de atendimento das necessidades específicas dos estudantes em espaços especialmente planejados para essa finalidade. É algo semelhante a aulas particulares na própria escola.

Na escola particular, esse tipo de trabalho implica atendimento aos estudantes fora do horário de aula e remuneração do

21 Em 1998, ano que esse relatório foi escrito, o 1° ciclo das escolas municipais de São Paulo era composto pelas três primeiras séries e a escola era de oito anos.

professor, uma vez que realiza esse atendimento fora de sua jornada regular. Entretanto, no caso da escola pública, esse formato, na maior parte das vezes, é inviável. Era o nosso caso em 1994. Mas resolvemos discutir o mérito da proposta para poder verificar se havia alguma adaptação possível. As professoras ficaram muito seduzidas pela ideia e nos pusemos a pensar sobre que possibilidades teríamos de realizar um trabalho similar... E então surgiu a "luz": por que não atender as crianças no seu próprio horário de aula? Estudamos bastante os prós e contras e acabamos elaborando uma proposta que, pelo quarto ano, estamos realizando com sucesso.

COMO FUNCIONA O TRABALHO NO GRUPO DE APOIO PEDAGÓGICO

Realizamos o atendimento dos estudantes, considerando suas necessidades específicas de aprendizagem, duas vezes por semana, por duas horas seguidas: nesse momento, as crianças de todas as turmas do ano são subdivididas segundo essas necessidades, ficando cada professora com a turma com a qual se identifica mais ou com aquela que acha que pode trabalhar melhor. Ou seja, cada professora fica com os seus próprios estudantes e com os das demais classes que estão tendo necessidades similares.

Sempre soubemos que, no caso do 1º ano, quando a intervenção pedagógica tem como foco a compreensão do sistema alfabético de escrita, as turmas com escrita alfabética podem ser mais numerosas (já chegamos, inclusive, a ter 42 crianças) e as de estudantes com escrita ainda não alfabética não podem ter mais do que 18 (embora o ideal fosse 15, no máximo). Nesse caso, as professoras que ficam com as crianças que já sabem ler e escrever têm de trabalhar com turmas bem grandes. Já as que ficam com as turmas menores são as que devem "dar o sangue" para que o tempo seja muito bem aproveitado, de modo que os estudantes avancem em sua compreensão das regras de geração do sistema alfabético.

Atualmente, temos observado que o mais adequado é começar esse trabalho em junho[22], pois assim é possível antecipar, para

22 Em 2025, ano desta edição, sugere-se que o trabalho com grupo de apoio pedagógico inicie-se a partir do segundo semestre do 2º ano, visto que o primeiro representa o tempo ideal para que os estudantes avancem na compreensão do sistema de escrita.

antes do recesso, o período gasto com a adaptação dos estudantes e das professoras à nova situação.

Ao final de maio, fazemos uma avaliação diagnóstica de leitura e escrita com todos os estudantes do 1º ano, e assim organizamos os Grupos de apoio pedagógico, que funcionarão duas vezes por semana. Com a experiência, estamos todas mais atentas sobre como é importante o período de adaptação de todas as crianças à nova situação – inclusive daquelas que já compreenderam o sistema de escrita alfabética –, que, embora de certa forma se destaquem em sua sala de aula, estarão periodicamente diante de uma nova professora e de atividades mais desafiadoras.

Claro que nem tudo foi sempre maravilhoso e problema é o que nunca faltou. Tivemos vários nos dois primeiros anos. Uma das professoras de início não quis participar do trabalho. Em seguida, outra professora precisou tirar licença médica por quase um mês e o Grupo de apoio pedagógico ficou suspenso nesse período. Quando alguma de nós faltava inesperadamente, não havia como mudar o dia do Grupo e então ele não acontecia. E assim fomos sempre administrando os problemas todos para não termos que desistir dessa prática, porque cada vez mais acreditamos nela e sabemos o quanto ajuda os estudantes a aprenderem em melhores condições.

À medida que se convertia numa prática bastante eficaz, o Grupo de apoio pedagógico foi também se espalhando pela escola, sendo realizado por todos os professores do 1º ciclo – isso inclui 1º, 2ª e 3º anos. Esse é, atualmente, um projeto muito importante do 1º ciclo na nossa escola, do qual nos orgulhamos muito.

ESTUDANTES E PROFESSORES FAZEM DESCOBERTAS IMPORTANTES

Como se tratava de um trabalho novo, lembro que em 1994, quando tudo começou, conversamos várias vezes com os estudantes sobre o assunto. Contamos que nós, professoras, tínhamos uma proposta muito interessante para ajudá-los a ficar cada vez mais sabidos e que eles não mudariam de turma, embora, de vez em quando, precisassem ter aula com outra professora. No início, ficaram meio desconfiados e um pouco perdidos, mas, após quinze dias de trabalho, puderam compreender melhor o que estava acontecendo. Mesmo agora que o Grupo de apoio pedagógico está totalmente incorporado à rotina da escola, antes de começar o trabalho

discutimos seriamente com os estudantes os objetivos a que nos propomos e o que esperamos deles para que possam aprender mais e melhor. Isso é muito importante para que não se criem estigmas e para que não circulem comentários desagradáveis e preconceituosos. Mas o que aprendemos também é que quando nós, professores, temos uma atitude de respeito e apoio diante das dificuldades dos estudantes, quando revelamos que há muitas coisas que nós, adultos, também temos dificuldade de aprender, todos começam a ser mais tolerantes e solidários uns com os outros.
Dessa forma, o trabalho com grupos de crianças que precisam de ajuda pedagógica específica – o que, à primeira vista, poderia parecer de certa maneira discriminatório – acaba sendo uma iniciativa que revela grande respeito intelectual por elas. Até porque, em todos os grupos, mesmo naqueles em que as crianças já possuem conhecimento mais avançado, as atividades propostas são desafiadoras – possíveis, porém difíceis. Então, todos os estudantes da escola estão sendo desafiados a avançar em suas aprendizagens, superando eventuais obstáculos. E não precisam ficar achando que os colegas dos outros grupos é que têm dificuldades...
Uma vantagem muito importante desse trabalho é que a troca de professora por algumas horas semanais pode trazer um olhar diferente sobre a produção do estudante, ajudando não só a ele, mas também toda a equipe de professores. Evidentemente, isso só é possível se houver um trabalho compartilhado de planejamento e avaliação dos Grupos de apoio pedagógico para trocar impressões e discutir encaminhamentos. A possibilidade desse "outro olhar" ficou bem evidente para nós que trabalhamos com os Grupos, principalmente em relação aos estudantes com escrita não alfabética. Algumas professoras acreditavam que essas crianças tinham muitas dificuldades de aprendizagem porque, em classe, não realizavam as lições, eram dependentes, lentos, quase não participavam das aulas... Na verdade, com a análise e discussão coletiva sobre a produção delas, pudemos todas perceber que, apesar de apresentarem um ritmo de aprendizagem mais gradual, muitas delas sabiam muito mais a respeito da escrita do que elas próprias – e, inclusive, suas respectivas professoras – imaginavam.
Tem sido muito gratificante ver as mudanças que vêm ocorrendo por conta desse trabalho: os estudantes vão tomando consciência de quanto sabem e passam a participar das aulas e a se envolver mais nas atividades, não só no Grupo de apoio pedagógico.

As professoras, por sua vez, tiveram também importantes mudanças de atitude: passaram a compreender muito melhor o que, de fato, os estudantes sabem ou não e a dosar o que se pode exigir deles. Cada vez mais temos percebido, ao longo desses anos todos, quanto o trabalho pedagógico, especialmente com o 1º ano do Ensino Fundamental, requer de nós, professores, em termos de organização, disciplina e uso adequado do tempo. Por quê? Porque temos de preparar as atividades para a classe considerando a heterogeneidade do grupo, as lições de casa e, quando há Grupos de apoio pedagógico, também as situações didáticas apropriadas a esse tipo de proposta. Por isso, é muito importante que haja espaços de trabalho coletivo na escola, tanto para que todos possam se apropriar da proposta de trabalho do ano e/ou do ciclo e aperfeiçoá-la como para que se possa atribuir tarefas, estruturar um banco de propostas didáticas[23] que facilitem o planejamento, analisar produções dos estudantes, compartilhar preocupações e dúvidas, encontrar soluções para os problemas. É importante ressaltar que nem mesmo com esse trabalho temos conseguido garantir que todos os estudantes terminem o 1º ano escrevendo alfabeticamente – uma média de 4 por classe não consegue se alfabetizar, mas todos avançam, se envolvem no trabalho e, de um modo geral, no primeiro semestre do 2º ano, acabam aprendendo a ler. Nesse sentido, a discussão com a professora que vai assumir a turma no ano seguinte é condição para que se dê continuidade ao trabalho, uma vez que, nessa escola, o agrupamento permanece o mesmo, com o acréscimo de novos estudantes que entram.

Por fim, creio que é importante colocar que, quando avaliamos o nível de conhecimento que as crianças possuem quando entram no 1 ano, percebemos sempre, e cada vez mais, a diferença que faz na vida delas um trabalho sério com leitura e escrita na educação infantil. A diferença é enorme quando se compara quanto sabem as crianças que vêm de uma proposta de trabalho pautada pelo uso da linguagem escrita, especialmente por meio

23 Um banco de propostas didáticas é um acervo de documentos – relatórios, produções dos estudantes, seleção de textos, vídeos ou outros materiais – sobre atividades realizadas em sala de aula e avaliadas, pelos professores, como boas situações de aprendizagem. Essa documentação permite que o conjunto dos professores da unidade escolar possa enriquecer sua prática com a criação pedagógica de cada um dos seus pares ao mesmo tempo que se cria uma cultura didática para a instituição.

da leitura pelo professor, com quanto não sabem as que vêm de propostas que consideram prematuro esse trabalho na educação infantil – algo incompreensível para nós, professores de 1º ano. Claro que as crianças aprendem muitas coisas na escola, qualquer que seja sua proposta. Mas o que é intrigante é o seguinte: o fracasso escolar está quase todo assentado na demora dos estudantes para aprender a ler e a escrever no Ensino Fundamental, pois têm pouco repertório em relação ao uso da escrita; em praticamente todos os países do mundo, os estudantes aprendem a ler aos 5 ou 6 anos, sem sacrifício; no Brasil[24], as crianças de classe média e alta também aprendem a ler, felizes, aos 5 ou 6 anos; como se justifica que, às crianças menos favorecidas economicamente, se ofereçam escolas de educação infantil que julgam prematuro o trabalho com leitura e escrita? Mas acho que essa já é uma outra história.

(Professora Rosa Maria Antunes
de Barros, escola municipal, 1998)

UM TERRITÓRIO DELICADO: COMO AS CRIANÇAS SE VEEM E SE SENTEM COMO ESTUDANTES

A escola que propomos e buscamos é uma escola aberta à diversidade – diversidade cultural, social e também individual. Considera-se que as formas de aprender diferem, que os tempos de aprendizagem também, e que não tem sentido sonhar com todos os estudantes caminhando igualmente em seu processo de construção de conhecimento. A igualdade que se defende não se refere ao processo de aprendizagem, mas às condições oferecidas para favorecer a aprendizagem, pois o processo é sempre singular, inevitavelmente.

Para um professor comprometido com o sucesso escolar de todos os estudantes, é fundamental a atenção a essas questões e a naturalidade no tratamento que oferece aos que precisam de

24 Atualmente, com a implantação do Ensino Fundamental de nove anos, as crianças de 6 anos frequentam o 1º ano desta etapa.

ajuda extra, para que não sejam estigmatizados como "os fracos" – uma condição absolutamente desfavorável à sua aprendizagem. Se as práticas de ajuda extra fizerem parte do cotidiano da sala de aula e da escola, todos começarão a concebê-las como naturais e necessárias: um recurso do qual qualquer um pode precisar e se beneficiar, não sendo exclusividade de poucos.

Entramos em um território bastante delicado: como as crianças se veem e se sentem como estudantes. O mau desempenho escolar pode ser fruto de diferentes circunstâncias ou razões, que precisam ser consideradas quando se pensa a intervenção pedagógica.

Há situações em que, por não ter compreendido conceitualmente determinado conteúdo, o prosseguimento das aprendizagens do estudante fica comprometido. Nesse caso, avaliando onde está a dificuldade que impede o estudante de progredir em seus conhecimentos, o professor pode ajudá-lo com atividades e intervenções especificamente planejadas para potencializar seu avanço no processo de aprendizagem.

Outras vezes, a criança não avança porque tem procedimentos inadequados, mesmo tendo conseguido aprender os principais conceitos relacionados ao que não sabe fazer. Um exemplo disso é quando ela compreendeu perfeitamente o conceito de subtração, sabe subtrair em situações do cotidiano, mas não acerta as contas, pois ainda não dominou os procedimentos necessários para resolver subtrações pela técnica operatória. A ajuda do professor nessa situação depende fundamentalmente de ele saber localizar a real dificuldade. Se imaginar, por exemplo, que o estudante não entendeu conceitualmente a subtração, pode ficar criando inúmeras situações que exigem reflexão sobre as propriedades da operação, quando o problema, na verdade, é outro.

Mas um desempenho insatisfatório também pode ser resultado de um sentimento de baixa autoestima, de uma crença de que "não consigo aprender esse negócio" e, consequentemente, de uma atitude desfavorável em relação à própria aprendizagem. É o caso de crianças que acham que não sabem escrever, que acreditam que jamais aprenderão matemática, que não se imaginam explicando um fenômeno publicamente, por exemplo. E aí não adiantam lições extras se o professor não conseguir ajudá-las a localizar exatamente qual é o seu problema, a encorajar-se diante dos desafios, a lançar-se na tarefa árdua de aprender, a se sentir apoiadas nesse empreendimento.

Se não acreditarmos que os estudantes podem aprender, se não estivermos convencidos de que podemos de fato ensiná-los, não teremos o empenho necessário para identificar o que sabem ou não e, a partir daí, planejar as intervenções que podem ajudá-los a avançar em sua aprendizagem. Além do mais, os estudantes sentem quando não acreditamos que podem superar suas dificuldades, mesmo que digamos o contrário – esse é um território em que não é o discurso que manda, mas a crença que nos orienta. Não há prejuízo maior para o processo de aprendizagem das crianças do que professores descrentes de sua capacidade: isso reforça a imagem de fracassados, que, certamente, elas já cultivam. Reforça também, para todos do grupo, uma imagem negativa desses estudantes, e não é difícil prever as consequências desastrosas para o convívio social na classe.

O QUE FAZER COM OS ESTUDANTES QUE CHEGAM AO FINAL DO PERÍODO SEM APRENDER O QUE A ESCOLA PRETENDIA ENSINAR

É muito forte ainda em nosso país a tradição de avaliação centrada exclusivamente no propósito de quantificar a aprendizagem através de notas ou conceitos. Em geral, a escola quer saber se o estudante aprendeu ou não para, afinal, promovê-lo ou retê-lo em função disso. Antes de decidir, a escola costuma dar-lhe a chance de participar de atividades de "recuperação", para que possa, em seguida, demonstrar em uma prova final se aprendeu realmente o que, até então, não havia conseguido. Se o objetivo é ajudá-lo, de fato, e não dar-lhe uma "última chance", esse tipo de possibilidade não cabe apenas ao final do ano: deveria acontecer durante todo o processo de ensino e aprendizagem, para cumprir verdadeiramente com sua finalidade.

O que parece orientar essa forma de encaminhamento é a lógica da quantificação implícita na nota ou no conceito. Mas eles servem pouco para quantificar realmente a aprendizagem, pois um estudante que obtém nota 9 em determinada área não necessariamente aprendeu 90% do conteúdo ensinado, assim como quem obtém conceito C não necessariamente atingiu os objetivos essenciais previstos. Se, a partir da recuperação e avaliação finais, a escola não pretende replanejar o ensino, e se a nota obtida pelos estudantes vai servir apenas para fazer média com as demais, essa avaliação não tem o papel de contribuir com um processo de aprendizagem que, eventualmente, não esteja se desenvolvendo de forma adequada. Conceber a avaliação dessa maneira é muito diferente de entendê-la como parte integrante da proposta pedagógica.

Uma das decisões mais sérias a serem tomadas pelos professores ao fim de cada ano ou ciclo é o que fazer com os estudantes que chegam ao final do período sem aprender o que estava previsto – tendo ou não a escola feito o que lhe cabia para ajudá-los. Com relação a isso, costumo usar um critério que me parece o único razoável: o que poderia ser melhor para o próprio estudante, considerando os diferentes aspectos envolvidos na questão. Ou seja, diante de tudo o que se sabe da criança, o desafio é identificar o que poderia beneficiar a sua escolaridade e a ela própria: seguir com sua classe para o ano seguinte ou começar uma nova história escolar com outra classe?

A escola costuma esquecer que as crianças desenvolvem uma vida social com sua turma, tão importante em termos formativos quanto a aprendizagem de conteúdos escolares. E que, em princípio, devem ser mantidas juntas por idade e progredir juntas, evitando-se o absurdo de meninos de 12/13 anos em classes de meninos de 8. A partir do momento em que entendemos que nem tudo o que as crianças aprendem na escola é ensinado pelos professores, compreendemos também por que não se pode avaliar apenas os conteúdos das áreas de conhecimento na hora de decidir a vida escolar de um estudante. Se ele não atingiu o nível de desempenho exigido num ano ou ciclo, a equipe responsável pelo trabalho pode avaliar que lhe faltou algum tempo ou que, por diferentes razões, não esteve disponível para as atividades escolares e que, com ajuda adequada, no ano seguinte ele terá condições mais favoráveis para continuar aprendendo com sua própria turma do que em outro agrupamento. Se a equipe chegar a essa conclusão, a escola pode promovê-lo, garantindo um apoio específico no ano seguinte.

Uma ocorrência ainda muito comum, e triste, é a reprovação de estudantes que terminam a 1ª série (atual 2º ano) sem ainda escrever alfabeticamente, mesmo já estando num ponto em que continuarão pensando sobre a escrita e evoluindo durante as férias, o que fará com que voltem, no ano seguinte, produzindo uma escrita alfabética ou quase alfabética. Com apenas um pouquinho de ajuda, teriam recuperado sua defasagem em relação à classe, mas já foram reprovados. Em anos mais adiantados, há muitos casos de estudantes que são aprovados em tudo menos em uma ou duas disciplinas, e mesmo assim têm de repetir o ano, o que é algo sem sentido. Felizmente, a legislação atual já prevê mecanismos para evitar esses problemas. Utilizá-los é questão de vontade política.

No entanto, há situações – raras – em que é um alívio para o estudante repetir o ano, porque ele está verdadeiramente defasado em relação à sua turma e, às vezes, mal-adaptado por conta disso. É quando o estudante está "correndo atrás do prejuízo" em diferentes áreas, sendo um sacrifício desnecessário ficar numa classe cuja exigência de desempenho mostra-se excessiva para ele. Isso não significa que seja menos inteligente, mas que o seu grupo é outro. Reter um estudante nessas condições, por incrível que pareça, pode acabar representando um bem para ele, porque isso lhe dá a possibilidade de uma vida escolar mais tranquila.

Entretanto, não é com base nesse tipo de preocupação que, em geral, a escola se decide pela retenção dos estudantes. Frequentemente, a retenção tem um caráter punitivo, como se as crianças que são reprovadas fossem necessariamente "maus estudantes", incapazes. Quando tem essa natureza, qualquer retenção é péssima.

Quando é refletida e pesada com maturidade, pode funcionar como apoio para o estudante prosseguir, como se pode ver no depoimento transcrito a seguir.

> Na escola em que sou coordenadora pedagógica da 1ª à 4ª série (o correspondente hoje ao período que engloba o 1º ao 5º ano, com o Ensino Fundamental de nove anos), o índice de retenção é muito baixo. Embora a escolaridade seja seriada, nossa conduta tem sido sempre a de ter como critério fundamental de promoção ou retenção na série (hoje, ano) o que nos parece o melhor para a criança, como estudante e como pessoa. A retenção é sempre uma decisão compartilhada por mim e pela equipe de professores. O perfil de nossas poucas crianças reprovadas é o das que acumularam muitas defasagens e que se sentem apavoradas diante de desafios que exigem delas muito mais do que podem dar no momento.
>
> Da 1ª para a 2ª série, tivemos um único caso até hoje de retenção na própria escola, e outros quatro casos de estudantes que haviam sido promovidos para a 2ª em suas escolas de origem e,

quando se transferiram para a nossa, foram matriculados na 1ª série por razões que explico a seguir.

Um deles, além de estar totalmente inseguro em relação à sua capacidade de aprender, ainda não sabia ler – e seria único numa classe de estudantes que já eram leitores fluentes desde a educação infantil. Uma turma de crianças extremamente sabidas, como era o caso, seria um ambiente absolutamente desconfortável e pouco acolhedor para ele. Um outro – uma garota – estava em situação idêntica.

O terceiro estudante nessas condições havia sido expulso da escola em que estudava e estava muito atormentado, cheio de "não sei, não quero fazer, não dou conta". Como tinha acumulado muitas defasagens em relação à turma, pois na escola antiga não conseguia se concentrar na sala de aula e seu aproveitamento era muito baixo, consideramos mais adequado que ele estivesse em um ambiente em que se sentisse mais "igual" ao grupo em vários aspectos. Ele vinha de uma experiência em que a escola nem o quis como estudante, tão diferente dos outros ele era. Tudo o que ele precisava, segundo nossa avaliação, era de uma classe em que pudesse se sentir valorizado, inteligente, sabido, adaptado. Como na turma de 1ª série, na época, todos os estudantes já escreviam alfabeticamente e tinham um conhecimento matemático bastante razoável, e em termos de conteúdos básicos ele estava mais ou menos no mesmo nível, julgamos que não teria nada a perder em relação também a esse aspecto.

E o último caso é de uma garota que ainda iria fazer sete anos, já estava lendo e escrevendo, dominava vários conteúdos de matemática também, mas era absurdamente exigente consigo mesma. Pareceu-nos ruim para o seu desenvolvimento pessoal continuar convivendo com desafios superiores aos que as demais crianças da sua idade tinham colocado para si, até porque seu nível de cobrança pessoal em relação à aprendizagem dos conteúdos escolares era desmedido e, segundo nossa avaliação, prejudicava a sua qualidade de vida.

Todas essas crianças se adaptaram perfeitamente às condições da classe em que passaram a estudar, duas conquistaram um desempenho escolar excelente e duas um bom desempenho diante das expectativas da escola. A decisão de promover ou reter um estudante é muito séria. Para nós, da escola, até hoje é uma estranha contradição julgar que, em determinados casos, a retenção pode ser uma boa alternativa. Entretanto, como temos sido bastante cuidadosos em relação aos critérios – costumamos analisar coletivamente a produção dos estudantes com desempenho insatisfatório durante todo o ano e temos um sistema de apoio à aprendizagem que funciona de março a novembro –, a decisão sobre a promoção ou não acaba sendo um pouco menos angustiante.

Avaliar o conhecimento de uma criança não é nada fácil. É preciso saber muito sobre o processo de aprendizagem para poder fazê-lo. Além disso, é preciso ter uma atitude investigativa com o estudante: no mínimo, perguntar a ele o que o fez chegar a resultados diferentes do convencional ou do esperado. Quando conseguimos fazer esse tipo de pergunta de modo que o estudante não a tome como uma acusação de que ele errou, e demonstramos nossa real intenção de entender suas respostas para poder ajudá-lo a aprender sempre mais, inevitavelmente aprendemos com ele.

Essa minha certeza antiga tem se atualizado permanentemente. Aprendi que há estudantes que não sabem que sabem, que há crianças que não mostram que sabem, que há professores que não conseguem avaliar os estudantes e que há professores que não conseguem avaliar a si mesmos como profissionais.

Alguns anos atrás, no meio do ano letivo, transferiu-se para a escola um estudante de 4ª série que, segundo a família, estava "enlouquecido" onde estudava até então. Eu sabia que a adaptação do garoto seria difícil, pois ele já havia adquirido uma atitude de recusa às lições. Passado um bimestre, a professora da classe veio procurar-me dizendo que não sabia como atribuir conceitos a ele, pois se recusava a fazer qualquer atividade de avaliação escrita. A professora auxiliar, que havia ficado na classe várias vezes, afirmava que sua intuição é de que ele era dos mais sabidos, apesar de não o demonstrar. Chamei-o, então, para uma conversa com o firme propósito de desvendar o mistério. Disse a ele que iria lhe fazer algumas perguntas para saber o que já tinha aprendido, mas que seriam orais, pois eu tinha outros estudantes para avaliar e assim iria tudo mais depressa – fiz com ele uma verdadeira chamada oral, bem demorada. E qual não foi minha surpresa quando percebi que o nível de conhecimento dele era excelente. O único erro que teve foi em uma divisão por dois algarismos, na qual ele se atrapalhou porque não estávamos usando papel.

Fiquei muito impressionada com o resultado da avaliação, e a professora do garoto, mais ainda. O pior, nesse caso, foi que ele continuou sem fazer a maioria das lições necessárias até o final do ano, e então deparamos com a necessidade de decidir sobre a sua promoção: um estudante que não produzia quase nada e que sequer tinha conceitos suficientes para ser aprovado. Mas que sabia tudo...
Debatemos esse caso durante horas no grupo de professores, falei com a família para colher alguns dados que pudessem nos ajudar a decidir, discuti com as demais coordenadoras da escola e com o grupo de professores da 5ª série. Acabamos por aprová-lo: um garoto que era um péssimo exemplo de estudante – cuja promoção poderia significar um referendo à sua conduta inadequada –, mas que, por termos conseguido uma forma de avaliar seu conhecimento, não poderíamos ignorar que era muito informado e capaz.
Uma outra vez recebi, também no meio do ano, um garoto de 3ª série, vindo de uma escola muito tradicional que, segundo o relato da mãe, o discriminava por uma série de razões. Como o projeto pedagógico da nossa escola prevê um trabalho sistemático com atividades de cálculo mental, a professora da classe criou algumas situações de avaliação do conhecimento matemático do estudante que envolviam cálculo mental exato e aproximado. Conclusão: a criança não conseguia fazer, "de cabeça", cálculos do tipo 60 + 10.
Sugeri à professora que conversasse com ele para descobrir qual era a natureza da dificuldade, já que um garoto de 3ª série certamente sabe realizar um cálculo tão simples como esse. A mera constatação de que não sabia calcular não nos servia de nada, era preciso saber por quê. Ele não teria aprendido o conceito da adição? Não sabia calcular mentalmente? Odiava matemática ou achava que não conseguiria aprender?
Descobrimos então que o problema era que, por total inexperiência com situações de cálculo mental, ele "montava a conta na cabeça" e tentava operar mentalmente com a técnica da conta escrita. Daí se atrapalhava com a colocação dos números uns embaixo dos outros e errava o que, pelo cálculo sem a técnica, dificilmente erraria. Somada a isso havia uma atitude totalmente desfavorável à aprendizagem dos conteúdos de matemática, pois ia muito mal nessa área na outra escola e achava que nada sabia a respeito.
O episódio com esse garoto reafirmou para mim três questões pedagógicas que considero importantíssimas. Uma é que temos de

perguntar para as crianças por que fazem o que fazem. Outra é que temos de ajudá-las a localizar qual é a dificuldade que têm, pois quase sempre generalizam o que é absolutamente pontual. E a outra é que temos de superar o nível da simples constatação e alcançar a razão das dificuldades dos estudantes – esse que não sabia 60 + 10 não precisava que lhe ensinássemos a soma, e sim que para somar de cabeça não se usa a técnica operatória, mas outros procedimentos que ele até então desconhecia. Quem pretende avaliar seriamente o conhecimento das crianças precisa colocar-se essas questões.

Quando eu trabalhava na rede municipal de ensino em São Paulo, vivi uma situação que jamais vou esquecer, pois mostra que uma pergunta ao estudante pode salvar o professor de cometer uma injustiça. Estávamos avaliando produções de estudantes a serem provavelmente retidos. E entre as atividades de avaliação havia uma prova de matemática em que um dos enunciados era o clássico "Arme e efetue". Nela havia algo como o que está reproduzido abaixo, com uma enorme cruz informando o erro ao estudante.

348 + 102 =

983 + 755 =

690 + 416 =

2021 1273

Fiquei intrigada com o fato de ele ter enfileirado uma porção de números abaixo das sentenças matemáticas colocadas pelo professor. Fiquei tentando descobrir a razão e, de repente, entendi direitinho. Não disse nada de imediato, e perguntei à professora qual era o objetivo dela com essa proposta. Ela disse que era saber se o estudante conseguia somar. Perguntei então o que ela considerava mais importante: a criança mostrar que sabia somar ou que sabia armar adequadamente a conta. E ela respondeu que era, evidentemente, mostrar que sabia somar. Disse a ela que, sendo assim, deveria substituir o sinal de errado pelo de certo, pois o estudante tinha revelado saber somar muitíssimo bem: 2021 1273 era o resultado da adição de todos os números ao mesmo tempo...

Ela ficou atônita, e eu reaprendi uma velha lição: é preciso entender por que as crianças erram, se quisermos ser bons professores.

(Rosaura Soligo, coordenadora pedagógica,
escola particular, 1997)

8

O DESENVOLVIMENTO PROFISSIONAL PERMANENTE

Se o professor acredita que sua tarefa é simplesmente transmitir conteúdos, resta muito pouco à sua criação: vai se utilizar apenas do livro didático e dará aulas expositivas nas quais se esforçará para apresentar, o mais notoriamente possível, o conteúdo que quer que seus estudantes aprendam. No entanto, quando se trabalha com um modelo de aprendizagem construtivista e um modelo de ensino pela resolução de problemas, as exigências são outras. Como vimos nos capítulos anteriores, a atividade de ensino do professor vai ter de dialogar com a atividade de aprendizagem do estudante. Para isso, ele vai precisar considerar muitas variáveis e tomar outras tantas decisões, o que equivale a assumir um alto grau de autonomia. Para dar conta dessa nova demanda, são necessárias condições de desenvolvimento profissional e de qualificação diferentes das que vêm sendo oferecidas, em geral, aos professores.

Nos últimos anos, temos visto um aumento significativo das discussões sobre formação continuada de professores e uma oferta cada vez maior de ações de formação em serviço, tanto nas redes públicas quanto nas particulares de ensino. O que está atrás disso não é a ideia de que o professor não tem competência para fazer o seu trabalho, mas uma mudança na compreensão do seu papel. Até meados dos anos 1970, em muitas redes de ensino, o professor era visto como um profissional que, dispondo de um hipotético conjunto de técnicas, ia para a classe, dava a aula e ponto. O termo usado para designar o trabalho de formação em serviço, quando eventualmente acontecia, era "treinamento". Esses treinamentos serviam para aprender a aplicar as novidades em matéria de técnicas de ensino.

Nos anos 1980, passou-se a falar em formação ou capacitação em serviço. Nesses programas, ainda predominava a ideia de que a formação em serviço tinha como função compensar as deficiências de formação profissional do professor ou disseminar concepções e práticas pedagógicas mais atuais. Em algum momento, o professor estaria capacitado, e essas ações deixariam de ser necessárias. Penso que caminhamos para uma revisão dessas ideias e que já começamos a conceber a profissão de professor como um ofício que pressupõe uma prática de reflexão e atualização constante.

A visão que se tem do professor hoje é a de alguém que desenvolve uma prática complexa para a qual contribuem muitos conhecimentos de diferentes naturezas. Ele é mais do que uma correia de transmissão, alguém que simplesmente serviria de ligação entre o saber constituído e os estudantes. Seu papel agora tende a ser mais exigente: precisa se tornar capaz de criar ou adaptar boas situações de aprendizagem, adequadas aos estudantes reais, cujos percursos de aprendizagem ele precisa saber reconhecer.

MESMO QUE A FORMAÇÃO INICIAL SE TRANSFORME, NÃO ABOLIRÁ A EXIGÊNCIA DE UM TRABALHO PERMANENTE DE ESTUDO E REFLEXÃO

A formação do professor necessita mais do que um curso preparatório, pois a bagagem de conhecimento com que ele sai de um curso de formação inicial será sempre insuficiente para desempenhar sua tarefa em sala de aula. Mesmo que esse curso tenha sido feito em uma escola conceituada, e por mais que esse professor tenha realizado bons estágios, coisa que sabemos raríssima.

Os estágios, da forma como são feitos, pouco contribuem para a formação prático-reflexiva do professor. O ideal seria que todos pudessem fazer um estágio na classe de um professor didata – didata no sentido de estar preparado para contribuir para a formação de um colega mais jovem. Mas, como isso é impossível, a saída foi colocar os estagiários para observar qualquer classe do sistema educacional, de qualquer professor. É urgente que se repense essa prática. Não se põe um médico, por exemplo, para fazer residência em qualquer lugar e com qualquer um, mas com médicos didatas em hospitais-escolas. No entanto, é preciso considerar que o desenvolvimento tecnológico às vezes torna possível o que até ontem era impensável. O trabalho desses professores que têm condições de funcionar como didatas poderia e deveria ser documentado e socializado com um número muito maior de professores do que aqueles que caberiam em suas salas de aula. A utilização de gravação em vídeo, recurso hoje simples e corriqueiro, pode transformar radicalmente o que se pensa hoje sobre o estágio.

A discussão que acontece atualmente em muitos países sobre o que deve ser a formação de professores inclui a questão da formação permanente, que envolve um trabalho de reflexão e estudo por parte do professor – como se exige hoje, aliás, da maior parte das outras profissões.

A escola, tal como a conhecemos hoje, nasceu com a Revolução Industrial. Essa escola – que se caracterizou por ser laica e pública – tornou obsoleto o modelo anterior, em que o professor se responsabilizava pela totalidade da educação dos estudantes. A escola que nasce junto com a linha de montagem industrial, cuja principal característica é ser seriada, espelha-se no modelo de parcelamento da produção: cada professor passa a ser responsável apenas pelo pedaço de conhecimento que deve transmitir. Esse parcelamento aliena tanto operários como professores do seu trabalho: torna-os peças de uma grande engrenagem sobre a qual eles não têm poder. Esse tipo de produção industrial está com os dias contados: cada vez mais as empresas esperam que cada um de seus empregados responda pelo que produz. Que cada grupo – a tendência é organizar a empresa em grupos de produção, e não mais em linhas de montagem – controle a produção do início ao fim do processo. O profissional apertador de parafusos, aquele que Chaplin descreveu magistralmente no filme *Tempos modernos*, vai, felizmente, desaparecer.

Assumindo-se que o professor não é um apertador de parafusos, nem a escola deve ser uma linha de montagem, o que será então? Hoje sabemos que as ideias educacionais estão em produção ininterrupta, bem como a realidade em que o educador atua, que também se transforma continuamente. Isso exige do professor que elabore e reelabore permanentemente sua prática pedagógica. Mas não basta – e nem isso seria possível – cada professor pensar e transformar sozinho a sua prática na sua sala de aula. A responsabilidade da escola com o sucesso de todos os estudantes só se garante com uma escolaridade coerente e articulada. A forma de trabalhar isolada, em que os professores chegam à escola, assinam o ponto, entram na classe, dão aula e vão embora – sem compartilhar o seu trabalho com a equipe, nem relacioná-lo com o que acontece na escola e fora dela –, mostra-se cada vez mais inadequada. É cada vez mais evidente, também, que a qualidade do trabalho pedagógico depende diretamente da existência de um projeto educativo compartilhado pela comunidade escolar. Isso implica um posicionamento de valorização da produção coletiva para a qual todos têm de participar, tanto na formulação dos objetivos educacionais quanto na elaboração de estratégias pedagógicas.

A seguir, incluo um depoimento de uma colega com quem partilhei a experiência que ela descreve abaixo:

> Trabalhei na Escola Criarte[25], em São Paulo, durante a década de 1970. Foi uma experiência decisiva na minha vida profissional e, acredito, na de todos os educadores que a compartilharam. Foi ali que construí o alicerce do meu trabalho como educadora, articulando minha prática pessoal como professora, meus estudos de ciências sociais e os estudos e discussões que a equipe da escola desenvolvia. Comecei estudando Piaget e, mais tarde, Vigotsky[26], e sei quanto ter iniciado por aí me ajudou a construir uma concepção básica e fundamental para toda a minha atuação posterior. Pude reconhecer a importância da psicologia do desenvolvimento para a compreensão da aprendizagem, e desta para a compreensão das práticas de ensino. Na verdade, eu já havia estudado "sobre" Piaget no curso Normal. Entretanto, esse estudo não havia sido suficiente para que eu percebesse a importância de sua contribuição e, principalmente, a reviravolta na compreensão da aprendizagem que ele trazia. Foi a partir dessa compreensão que comecei a encontrar respostas para minhas angustiantes questões de professora da rede pública. Por que meus estudantes não aprendiam o que eu (pensava que) ensinava? Por que as crianças que eram os mais competentes na vida fora da escola eram os

25 Essa pré-escola particular funcionou na cidade de São Paulo de 1971 a 1979. Parte do seu corpo docente fundou em 1980 a Escola da Vila.

26 Lev Vigotsky (1896-1934) foi um psicólogo bielo-russo que desenvolveu pesquisas sobre o papel das interações sociais no processo de aprendizagem, concebendo o ser humano como histórico e social. Suas ideias deram origem ao socioconstrutivismo, corrente que destaca a importância das experiências e das relações sociais na formação do indivíduo.

menos competentes dentro dela? Por que, por maior que fosse o meu empenho em "motivar" os estudantes, uma boa parte deles não se mobilizava a ponto de querer realmente aprender?

Os vários anos de desafios compartilhados possibilitaram a compreensão de que, para ser prático e eficiente, o professor precisa de formação teórica permanente e consistente, feita de tal modo que institua e alimente relações de autonomia tanto entre educadores quanto entre esses e as teorias estudadas; que inclua a criação de estratégias, a experimentação, a análise compartilhada, a partir da interpretação que faz da teoria e da realidade em que está inserido.

Um processo cooperativo, em que uns dão suporte às ideias dos outros, enfrentando juntos as incertezas, ganhando segurança pelo apoio e reconhecimento dos colegas, sendo ajudados nas falhas e supridos nas inconsistências, aprendendo a receber e fazer críticas de modo construtivo, a enfrentar as próprias limitações.

Esse é o sentido e a importância de se construir um projeto pedagógico num processo que envolva todos os professores da escola para pensar e atuar no desenvolvimento do trabalho pedagógico como um grande processo: amplo, complexo e contínuo, em que os diferentes momentos se interligam, em que diferentes fatores interagem.

O fato de termos tido, na escola, uma equipe com formação muito diversificada e, ao mesmo tempo, um projeto comum possibilitou a compreensão da importância de se ter o horizonte aberto às diferentes áreas da produção humana e a riqueza de se trabalhar com equipes multidisciplinares. Pudemos realizar uma leitura piagetiana sem o ranço do mecanicismo cientificista com que foi feita por alguns educadores na época, uma leitura que não sofreu dos males do psicologismo, nem se restringiu à aplicação de provas, mas que foi essencialmente uma busca de compreensão dos processos humanos de construção de conhecimento, com a clara e explícita intenção de favorecer o desenvolvimento de autonomia moral e intelectual.

Ao trabalhar no cotidiano da sala de aula, aprendemos a importância de "ler" a situação real, observando a dinâmica da relação entre os estudantes, a postura do professor, as questões que as crianças se colocam no confronto com os conteúdos trabalhados, o papel da informação que o professor oferece.

É a partir daí que se vão construindo hipóteses, criando situações de intervenção, interpretando processos e resultados, recriando situações, sistematicamente confrontando as teorias e a realidade: a teoria é instrumento dessa prática, e essa prática é o principal instrumento do coordenador pedagógico.

O coordenador pedagógico é um formador de professores, um coautor do trabalho que acontece na sala de aula e, simultaneamente, um "alimentador" do processo de desenvolvimento do projeto educativo e curricular da escola. Cabe a ele não apenas ajudar no direcionamento do trabalho, responder a dúvidas e inseguranças dos professores, ajudá-los na busca de respostas, mas também – e talvez fundamentalmente – formular as questões que perpassam o trabalho da escola e que orientam o percurso da equipe no desenvolvimento de seu projeto pedagógico – as quais ele tem uma condição especial de compreender por conta do lugar que ocupa. Aprendi que o lugar do coordenador não é, necessariamente, um lugar de superioridade, nem implica uma relação de dominação. Mas, por ser um espaço onde se entrecruzam as questões de diferentes naturezas do trabalho pedagógico institucional, possibilita uma atuação ao mesmo tempo mobilizadora e aglutinadora de forças em torno de desafios comuns. É um lugar de articulação da criação e produção coletivas.

(Neide Nogueira, coordenadora pedagógica
da Escola Criarte de 1976 a 1979)

O desejável e necessário é que todos, professores e equipe técnica, se tornem cada vez mais responsáveis, coletivamente, pelo resultado do trabalho de toda a escola. O que exige, em geral, a revisão da estrutura organizacional da instituição, um esforço de atualização permanente e de acesso ao conhecimento mais recente que a ciência produz, para iluminar seu trabalho, além de um tipo de prática que está se tornando menos discursiva e mais consistente: a reflexão sobre a prática. A expressão "reflexão sobre a prática" nos remete diretamente ao mestre Paulo Freire. Foi ele quem, no que se refere à educação, pôs essa ideia em circulação. Sob esse nome geral, diferentes práticas foram desenvolvidas desde meados dos anos 1960. Práticas que vão desde a troca de ideias e sugestões de atividades entre professores até a produção de relatos reflexivos sobre a prática realizada em classe e até o que temos chamado de "tematização da prática".

DEVEMOS OLHAR PARA A PRÁTICA DE SALA DE AULA COMO UM OBJETO SOBRE O QUAL SE PODE PENSAR

O trabalho de tematização é uma análise que parte da prática documentada para explicitar as hipóteses didáticas subjacentes. Chamamos a esse trabalho tematização da prática porque se trata de olhar para a prática de sala de aula como um objeto sobre o qual se pode pensar. A tematização da prática é um instrumento de formação que vai na direção contrária à da tradicional visão aplicacionista de formação de professores. Na visão aplicacionista, oferece-se ao professor um corpo de ideias e conceitos teóricos que se espera que ele aplique em sua prática profissional. Quando se propõe a tematização da prática como eixo do trabalho de formação de professores – tanto a inicial como a continuada –, não estamos, evidentemente, negando o valor do conhecimento teórico que vem principalmente de outras áreas, como a psicologia, a antropologia, a linguística etc. Muito pelo contrário. O que propomos é tornar o professor capaz de desentranhar a(s) teoria(s) que guia(m) a prática pedagógica real. Como já vimos em capítulo anterior, toda ação didática traz em si uma teoria sobre o conteúdo a ser ensinado, uma teoria sobre o processo através do qual ele é aprendido e uma teoria sobre a natureza dos procedimentos por meio dos quais ele deve ser ensinado. O desvelamento dessas teorias em inúmeras situações de observação e análise da prática de sala de aula é o mais sólido instrumento para formar o tipo de profissional de que precisamos e que tem sido chamado de "prático-reflexivo"[27].

Para ser tematizada, a prática do professor precisa estar documentada. Essa documentação, que deve ser feita por atividade, pode ser realizada de diferentes formas: as anotações de alguém que entra na classe como observador, um texto produ-

27 Para saber mais sobre a produção de conhecimento na área de formação de professores, utilize a bibliografia reproduzida no final deste livro.

zido pelo professor que inclua seu planejamento, um relato do desenvolvimento da atividade e uma pequena avaliação. A mais poderosa de todas as formas de documentação é, no entanto, a gravação da atividade em vídeo. A essa gravação deve-se anexar o relato/reflexão escrito pelo professor, sempre que possível. A diferença entre o documento produzido por um observador em classe e a gravação em vídeo da atividade é que esta permite a conjugação dos múltiplos olhares do grupo de professores e, através de discussão, a construção de um olhar comum, coletivo, sobre a atividade que se está analisando. O uso adequado desse recurso técnico propicia a construção de uma prática de analisar as situações que acontecem na sala de aula de tal maneira que nos permita compreender as ideias e as hipóteses que guiam os atos do professor, ainda que ele não tenha consciência delas. O trabalho de tematizar a prática é exatamente fazer aflorar essa consciência, ultrapassando a dicotomia "certo ou errado" que costuma marcar a análise da prática docente.

FORMAÇÃO DE PROFESSORES: UMA EXPERIÊNCIA

> Iniciamos nosso trabalho com formação de professores, há alguns anos, utilizando a metodologia mais usual, ou seja, levávamos aos professores os exemplos da nossa própria prática que considerávamos de boa qualidade e material teórico como referência. Apoiávamo-nos simplesmente na transmissão, utilizando como estratégia de trabalho várias técnicas de sensibilização.
>
> A princípio, o trabalho parecia ir bem, os professores gostavam. Porém, aos poucos, começamos a perceber que, em vez de instrumentalizar o professor para melhorar a qualidade do seu trabalho com as crianças, o que fazíamos era simplesmente levá-los a uma apropriação do discurso, pois, na prática de sala de aula, continuavam agindo da forma como agiam antes. As professoras justificavam-se apontando impossibilidades, tais como: "É interessante o que você propõe, mas eu tenho quarenta estudantes e não dá para realizar isso", ou: "A proposta é boa, mas não temos material para realizá-la".

Ficava evidente que essa metodologia não instrumentalizava o saber-fazer do professor; portanto, não estávamos atingindo o real objetivo da formação.

Outro aspecto que nos incomodava era a incoerência existente entre a nossa prática de formação e a prática que sugeríamos que as professoras desenvolvessem com as crianças. Não era mais possível continuar a propor aos professores uma prática que criasse condições de a criança se expressar e construir o seu saber enquanto nós continuávamos, simplesmente, a tentar transmitir pacotes de informação. Precisávamos ter uma atuação coerente com a concepção de aprendizagem que assumíamos: a concepção construtivista. Deveríamos, portanto, encontrar caminhos para alterar a nossa prática.

Tal impasse nos levou a buscar parceiros que nos ajudassem a discutir e refletir sobre a formação de professores. A bibliografia, nessa área, era escassa, mas havia pessoas que já estavam pensando sobre o assunto havia algum tempo. A professora Telma Weisz propunha uma metodologia de formação apoiada na análise de atividades gravadas em vídeo. Nessa proposta, os professores filmam suas atividades em sala de aula e, a partir delas, discutem em pequenos grupos algumas questões propostas pelo formador. No início, adotamos uma postura semelhante à que questionávamos nos professores, ou seja, achamos a proposta perfeita, mas muito difícil de realizar. Parecia-nos que isso só seria possível aos formadores com vasta experiência e profundo conhecimento teórico. Essa metodologia exige do formador que analise previamente a atividade que será discutida, formulando algumas questões que servem como uma espécie de roteiro para a discussão nos pequenos grupos. O objetivo é ajudar a explicitar, a tornar observáveis as ideias que de forma consciente ou não sustentam o fazer do professor. Como se esses desafios não bastassem, ainda tínhamos de contar com a disponibilidade das professoras de exporem seus trabalhos.

Na verdade, nossa grande dificuldade era superar a concepção de transmissão tão arraigada na nossa própria formação. O que estávamos propondo aos professores que formávamos é que se aprende fazendo. Por que teríamos, então, de saber tanto, desde o início?

O primeiro desafio, já esperado, foi conseguir convencer as professoras a filmarem suas atividades e trazerem o resultado para discussão, pois se sentiam inseguras e muito expostas:

"... vou filmar uma aula que não vai ser normal, pois mesmo que seja uma atividade de rotina haverá alguém dentro da sala de aula..."
"... embora a formadora jure que não, é o professor que está sendo avaliado, é lógico que é."
"... este professor faz o melhor que pode, aí a formadora e sua coordenadora, num ambiente calmo e tranquilo, analisam e procuram as falhas do professor para depois mostrá-las para todos. Acho que não vou me sentir bem com isso."
Essa era a primeira dificuldade a enfrentar com a nova metodologia: o estabelecimento do vínculo de confiança. Tratamos de estreitar nossos laços com as professoras, tentando tranquilizá-las quanto ao respeito ético ao seu trabalho e, sobretudo, esclarecendo que a discussão se daria em torno da atividade e não da pessoa da professora. Dizíamos a elas que o grande ganho desse trabalho era tornar visível tudo o que já vínhamos discutindo.
Esses cuidados, sem dúvida, ajudaram, mas foi necessário levar algumas filmagens de outras professoras para que entendessem a natureza dos encaminhamentos das discussões e o salto qualitativo que essa metodologia poderia trazer para a capacitação. A partir daí, começamos a receber alguns vídeos das próprias professoras.
O segundo desafio foi saber tematizar, ou seja, saber como fazer a leitura crítica do material trazido, captando os pontos centrais e formulando questões que efetivamente desencadeassem uma reflexão sobre a prática e evidenciassem as teorias subjacentes.
Assistir ao vídeo mais de uma vez, trocar ideias com outras formadoras e discutir com as professoras ajudaram a ir elaborando questões mais significativas. Uma das principais estratégias nesse trabalho é circular pelos grupos durante as discussões, ouvindo o que as professoras dizem. Verificamos que nesses momentos aparecia de forma nítida o que elas realmente pensavam. Aproveitávamos para problematizar alguns pontos que estavam sendo discutidos por elas ou acrescentar aspectos que nos parecessem fundamentais para aprofundar a reflexão.
Essa discussão ampliada é feita seguindo o roteiro das questões propostas pelo formador. Os subgrupos fazem uma síntese de sua discussão sobre cada uma das questões e vai-se socializando a reflexão.
Já não temos dúvidas de que esse é um bom caminho de formação. Algumas impressões de professoras apontam também nessa direção: "O interessante é que nós filmamos a aula e depois a analisamos

em grupo. A grande vantagem é observar nossa prática, refletir e perceber quais os nossos procedimentos e como adequá-los à proposta vigente."

"... essa nova postura mudou a minha maneira de conduzir as aulas; passei a refletir mais sobre a minha prática, a pensar como vou fazer para garantir o desenvolvimento daquilo que planejei, que atitudes devo tomar para que a atividade proposta seja eficiente e mais agradável."

"Através da observação de aulas gravadas pude aprender a analisar minha aula – quando ela é uma boa situação de aprendizagem, se as crianças estão tendo possibilidades de construir procedimentos, se têm tempo para pensar e colocar em jogo suas hipóteses, se estou sabendo problematizar as situações adequadamente..."

"É incrível como quando a gente está fazendo a atividade não vê certas coisas que agora ficam tão evidentes."

Hoje, seguramente, as professoras saem mais instrumentalizadas para analisar criticamente sua prática e nós sentimos mais consistência em nosso trabalho de formação.

(Débora Rana e Priscila Monteiro, formadoras de professoras de educação infantil da rede municipal de Jundiaí, SP, 1998)

É IMPORTANTE QUE O PROFESSOR REGISTRE SEU TRABALHO POR ESCRITO, PORQUE ISSO O LEVARÁ A CONSTRUIR UMA PRÁTICA DE REFLEXÃO

Como vimos, as modalidades de reflexão sobre a prática estão articuladas à ideia de documentação. É a documentação que nos permite trazer a prática para os espaços de discussão e reflexão *a posteriori*, ampliando a possibilidade de contato com a realidade da sala de aula e construindo uma metodologia de tematização da prática apoiada em diferentes suportes de registro.

Além da gravação em vídeo, suporte privilegiado para que todos os professores de uma unidade se reúnam em torno de uma mesma atividade e possam compartilhá-la e discuti-la, outro material, também bastante interessante e mais frequentemente utilizado, é o registro escrito. O ato de refletir por escrito possibilita a criação de um espaço para que a reflexão sobre a prática ultrapasse a simples constatação. Escrever sobre alguma coisa faz com que se construa uma experiência de reflexão organizada, produzindo, para nós mesmos, um conhecimento mais aprofundado sobre a prática, sobre as nossas crenças, sobre o que sabemos e o que não sabemos.

Ao escrever para comunicar uma reflexão sobre o que se fez na prática profissional, somos obrigados a organizar as ideias, a buscar uma articulação entre elas e a avançar no conhecimento sobre o próprio trabalho.

> Nos meus primeiros anos como professora, não tinha o hábito de registrar por escrito o que pretendia realizar, e muito menos de avaliar o que tinha feito. Nesse período, trabalhava em uma escola que utilizava, como material didático, cadernos preparados pela equipe técnica. Eu apenas aplicava as atividades desse material. Não havia necessidade de planejar e avaliar.
> Lembro, como se fosse hoje, o meu espanto quando, alguns anos depois, em outra escola, a coordenadora solicitou que eu pensasse um encaminhamento para trabalhar determinadas questões de língua escrita com os estudantes e que escrevesse objetivos, conteúdos, e justificasse o encaminhamento. A princípio, não considerei que fosse algo difícil de fazer, apenas achei estranho ter de escrever. Afinal, eu poderia contar-lhe tudo o que pensava. Quando fui realizar a tarefa, me surpreendi com o grau de dificuldade – o que me parecia tão simples era extremamente complexo. Primeiramente, eu teria de criar um encaminhamento para conseguir que os estudantes aprendessem determinados conteúdos. E ainda teria de justificar a coerência entre a concepção de ensino e de aprendizagem construtivista, o encaminhamento, os conteúdos e objetivos.
> Escrever me obrigou a refletir mais profundamente sobre a atividade de ensino. Nunca havia pensado, de maneira tão significativa, na relação entre objetivos e conteúdos, ou seja, no fato de que o objetivo define o que se pretende com o conteúdo. Também foi,

de certa forma, inédito pensar a relação entre as atividades e as necessidades dos estudantes, isto é, como problematizar o conteúdo para que a turma pudesse aprender de maneira significativa. Escrevendo, tive a oportunidade de refletir sobre essas questões (e outras) e de dar forma a elas. Através da escrita, era possível organizar ideias, transformar algumas concepções e criar novas formas de compreensão. A intervenção da coordenadora podia ser mais direta e objetiva, pois através do registro escrito era possível a ela identificar claramente o meu processo de construção de conhecimento sobre a atividade de ensino.

À medida que comecei a escrever sobre a prática de sala de aula, os meus avanços passaram a ser mais rápidos que antes, quando eu apenas pensava – não escrevia, não organizava e pouco transformava. Penso que, se queremos de fato fazer da escola um ambiente que forme cidadãos mais preparados para o mundo atual, é necessário que cada um dos profissionais envolvidos nesse processo assuma o seu papel de agente transformador.

Incorporar esse hábito de utilizar a escrita como um instrumento para ampliar e aprofundar a reflexão sobre a prática de sala de aula é fundamental para o desenvolvimento da capacidade de aprendizagem contínua, ou seja, para ampliar a autonomia na construção e reconstrução do conhecimento e para encontrar novas formas de atuação profissional.

(Marília Costa Dias, coordenadora pedagógica, 1998)

TODAS AS ESCOLAS DEVERIAM PRODUZIR COLETIVAMENTE UM DOCUMENTO PARA DIFUNDIR AS CARACTERÍSTICAS DE SEU PROJETO PEDAGÓGICO

No caso da formação continuada e, principalmente, da produção de um projeto educacional pela escola, creio que dois instrumentos são particularmente importantes. Um é a documentação da prática da sala de aula e a reflexão coletiva da equipe da escola em torno dela. O segundo é a exigência de comunicar o processo de elaboração desse projeto educacional coletivo por escrito – condição para que essa pedagogia produzida na prática pelos professores nas escolas ganhe corpo, assuma um caráter de projeto implementado coletivamente. Esse projeto pedagógico não é um único documento, vai-se definindo progressivamente pelo conjunto das práticas documentadas e de sínteses, feitas em determinados momentos, que registram o sentido mais amplo dos rumos do trabalho educacional da escola.

É importante que uma escola que desenvolva um bom projeto seja capaz de comunicá-lo. Quando o projeto pedagógico se estrutura em uma forma comunicável – ainda que sempre parcial e datada –, cumpre a função de aprofundar o desenvolvimento profissional do corpo de professores que participa de sua elaboração. É também um instrumento útil para discutir com a comunidade dos pais, além de permitir que o produto do trabalho pedagógico de um grupo chegue a outros educadores. Todas as escolas deveriam produzir coletivamente algum tipo de documento para difundir o seu projeto pedagógico e o processo de reconstruções progressivas que geraram os avanços. Esse é um instrumento importante para a comunicação entre diferentes grupos de professores e para a discussão, entre grupos de escolas, de projetos pedagógicos comuns. Assim, uns aprendem com os avanços dos outros, em uma troca de experiências organizadas e sistematizadas.

SE A SOCIEDADE QUER UM ENSINO COM QUALIDADE, TERÁ DE ASSUMIR QUE ISSO IMPLICA UM PROFESSOR MAIS BEM QUALIFICADO E REMUNERADO

Para um profissional do qual se exige todo esse envolvimento e responsabilidade, existem no mercado oportunidades de trabalho muito mais bem pagas que a de professor. À medida que, por inúmeros motivos de ordem política e econômica, esse profissional se transformou em alguém que apenas fazia, sem precisar pensar, foi se desqualificando profissionalmente e ganhando cada vez menos.

Hoje, temos um impasse. Para fazer o que se espera dele, o professor precisa ganhar muito mais e ter condições de trabalho adequadas. Assim, salário e valorização andam de mãos dadas. É preciso que a sociedade tome consciência de que ele é um profissional indispensável, com um nível de qualificação superior ao que se imaginava. Se a sociedade quer uma escola de qualidade – e hoje ela quer –, vai ter de assumir que isso requer um perfil de professor diferente daquele que vinha sendo proposto, o que implica um salário bastante diferenciado. Desarmar esse impasse é fundamental e urgente. A luta pela valorização do professor não é apenas da sua categoria, mas principalmente da sociedade, que dele não pode prescindir.

Há nas redes públicas um núcleo de profissionais com condições de realizar um trabalho de excelente qualidade. Esse núcleo – que precisa urgentemente ser ampliado – é composto por profissionais da educação que, além de qualificados, respondem à exigência principal que se põe para um educador do sistema público: o compromisso com as crianças que frequentam a escola pública – um compromisso político com uma parcela da população que, excluída da escola, tem ainda mais reduzidas as condições de ultrapassar a exclusão fora dela também.

ÃNDO ELAS
UÃNTÃO
EI XA AJENTE
EMQUÃTADO

BIBLIOGRAFIA

PARA SABER MAIS SOBRE A CONCEPÇÃO CONSTRUTIVISTA PSICOGENÉTICA E SOBRE O PROCESSO DE APRENDIZAGEM DAS CRIANÇAS

FERREIRO, Emilia. *Com todas as letras*. 9. ed. São Paulo: Cortez, 2001.

______. *Atualidade de Jean Piaget*. Tradução de Ernani Rosa. Porto Alegre: Artmed, 2001.

______. *O ingresso na escrita e na cultura do escrito:* seleção de textos de pesquisa. Tradução de Rosana Malerba. São Paulo: Cortez, 2013. p. 219-246.

FERREIRO, Emilia; ZEN, Giovana Cristina. Desenvolvimento da escrita em crianças brasileiras. *Práxis Educacional,* Vitória da Conquista, v. 18, n. 49, p. e10975, 2022. Disponível em: https://doi.org/10.22481/praxisedu.v18i49.10975

FIGUEREDO, Angela María. Análisis infantil de la puesta en página y la textualización: el impacto de la tipografía y el diseño paratextual en la comprensión de carteles escolares. Universidad Nacional de Rosario. Facultad de Humanidades y Artes. Escuela de Posgrado. Doctorado en Educación con Mención en Psicolinguística Evolutiva Aplicada a la Educación (procesos de adquisición de la lengua escrita), 2025.

GARCÍA, Rolando. *O conhecimento em construção:* das formulações de Jean Piaget à teoria de sistemas complexos. Tradução de Valério Campos. Consultoria, supervisão e revisão técnica de Lino de Macedo. Porto Alegre: Artmed, 2002.

KAUFMAN, Ana Maria. *A leitura, a escrita e a escola:* uma experiência construtivista. Tradução de Francisco F. Settineri. Porto Alegre: Artmed, 1994.

______. *Leitura e escrita: 31 perguntas e respostas.* São Paulo: Diálogos Embalados, 2022.

LERNER, Delia; CASTEDO, Mirta; ALEGRÍA, Marta; CISTERNAS, Tatiana. Alfabetización inicial desde una perspectiva constructivista psicogenética. Una entrevista con Delia Lerner y Mirta Castedo. *Bellaterra Journal of Teaching; Learning Language; Literature 11*(2), 100-119, 2018. Disponível em: https://www.memoria.fahce.unlp.edu.ar/library?a=d&c=arti&d=Jpr9033. Acesso em: 12 ago. 2025.

PIAGET, Jean. Cognitive development and learning (part 1). *Journal of Research in Science Teaching,* v. 2, p. 176-186, 1964.

______. *Development and learning.* In: LAVATTELLY, C. S.; STENDLER, F. *Reading in child behavior and development.* New York: Hartcourt Brace Janovich, 1972. Disponível em : https://www.sciepub.com/reference/131047 Acesso em: 8 ago. 2025.

SOBRE A DIDÁTICA CONTEXTUALIZADA E REFLEXIVA DE ALFABETIZAÇÃO

CASTEDO, Mirta. O que está incluído em uma alfabetização inicial para todos? *Nova escola,* n. 39, 2011. Disponível em: https://www.memoria.fahce.unlp.edu.ar/library?a=d&c=arti&d=Jpr9643 Acesso em: 12 ago. 2025.

______. Debates en torno a la alfabetización infantil. Revista *Archivos de Ciencias de la Educación,* v. 19, n. 27, 2025. Disponível em: https://www.archivosdeciencias.fahce.unlp.edu.ar/ Acesso em: 12 ago. 2025.

LERNER, Delia. *Ler e escrever na escola* : o real, o possível e o necessário. Porto Alegre: Artmed, 2002.

LERNER, Delia; PALACIOS, Alicia. *A aprendizagem da língua escrita na escola:* reflexões sobre a proposta pedagógica construtivista. Porto Alegre: Artmed, 1995.

MOLINARI, María Claudia. El constructivismo en el aula: intervención docente en situaciones didácticas donde los niños aprenden a leer por sí mismos. *Quehacer Educativo,* n. 125, p. 31-40. Disponível em: https://www.memoria.fahce.unlp.edu.ar/art_revistas/pr.10440/pr.10440.pdf Acesso em: 12 ago. 2025.

PARA SABER MAIS SOBRE FORMAÇÃO DE PROFESSORES

ALARCÃO, Isabel (org.). *Formação reflexiva de professores:* estratégias de supervisão. Lisboa, Porto Editora, 1996.

CARDOSO, Beatriz; LERNER, Delia; NOGUEIRA, Neide; PEREZ, Tereza. *Ensinar:* tarefa para profissionais. Rio de Janeiro: Record, 2007.

COLL, César et al. *O construtivismo na sala de aula.* São Paulo: Ática, 1996.

FRAUENDORF, Renata Barroso. *De estrela a constelações: "investigaçãoformação" narrativa da formadora "flâneuse" de formadoras.* Campinas, 2023. Tese de doutorado. Universidade Estadual de Campinas (Unicamp), Faculdade de Educação. Programa de Pós-Graduação em Educação. Disponível em: https://hdl.handle.net/20.500.12733/16055 Acesso em: 14 ago. 2025.

IMBERNON, Francisco. *Formação docente e profissional:* formar-se para a mudança e a incerteza. 9. ed. São Paulo: Cortez, 2011.

NÓVOA, António. *Professores:* imagens do futuro presente. Lisboa: Educa, 2009.

______. *Formação de professores e trabalho pedagógico.* Lisboa: Educa, 2002. Disponível em: repositorio.ul.pt/bitstream/10451/3703/1/formprof.pdf Acesso em: 6 fev. 2025.

NÓVOA, António; VIEIRA, Pâmela. Um alfabeto da formação de professores. *Crítica Educativa,* Sorocaba, v. 3, n. 2 - Especial, p. 21-49, jan./jun. 2017.

SOLIGO, Rosaura. *Quem forma quem? Instituição dos sujeitos.* Campinas, 2007. Dissertação (Mestrado em Educação) – Universidade Estadual de Campinas, Faculdade de Educação. DOI: https://doi.org/10.47749/T/

TOCCHET, Carla. *Formar formadores:* estudo de uma cadeia formativa centrada na tematização da prática. La Plata, 2025. Dissertação (Mestrado em Escrita e Alfabetização) – Universidad Nacional de La Plata., p. 281.

VÍDEOS

INSTITUTO VERA CRUZ. *Práticas de alfabetização no contexto remoto.* Supervisões de Telma Weisz e Regina Scarpa. 24/6/2020. Disponível em: https://www.youtube.com/watch?v=R4Ge-v2F5uw Acesso em: 12 ago. 2025.

______. *Práticas de alfabetização no contexto remoto.* Supervisões de Telma Weisz e Regina Scarpa. 30/6/2020. Disponível em: https://www.youtube.com/watch?v=YAjQt8r6EUg Acesso em: 12 ago. 2025.

______. *Seminário Internacional de Alfabetização.* Articular as situações didáticas fundamentais: como e para quê? Palestra de Delia Lerner. 07/10/2023. Disponível em: https://www.youtube.com/watch?v=bYxg894Da0E&t=572s Acesso em: 12 ago. 2025.

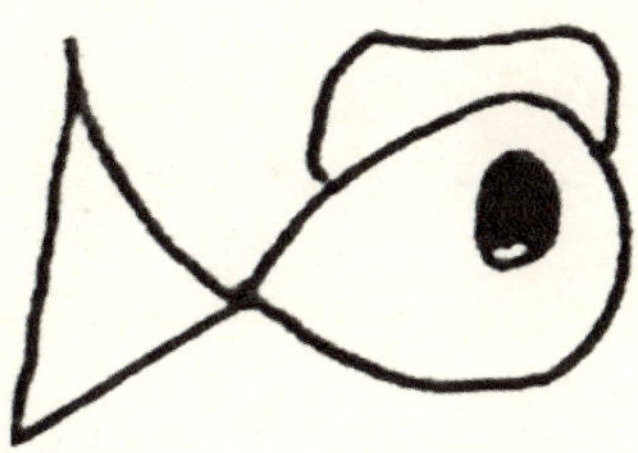

A AUTORA

TELMA WEISZ é doutora em Psicologia Escolar e do Desenvolvimento Humano pela Universidade de São Paulo (1997). Atuou como professora-investigadora da Maestria da Universidad Nacional de La Plata, consultora da Secretaria de Estado da Educação de São Paulo e membro do corpo editorial da revista *Lectura y Vida*.

Sua trajetória sempre esteve voltada para a área da Educação, com ênfase nos processos de ensino e aprendizagem, tendo participado de diversos projetos de educação popular. Atualmente, é supervisora da pós-graduação Alfabetização: Relações entre Ensino e Aprendizagem, do Instituto Superior de Educação Vera Cruz.

Ao longo de sua carreira, supervisionou inúmeros projetos de formação de professores e de produção de materiais para formadores de diversas secretarias da Educação do país. Entre os principais projetos em que esteve envolvida, destacam-se: *Isto se aprende com o ciclo básico* (meados da década de 1980), *Alfabetização: teoria e prática* (1990); *Por trás das letras* (1992); o *Programa de formação de professores alfabetizadores (Profa)*, MEC; *Letra e vida – Formação de professores alfabetizadores dos anos iniciais* (2003); *Ler e escrever* (2007-2014); *PIC para ler e escrever* (2009-2014) e a concepção e elaboração do *Currículo da cidade:* língua portuguesa (2017) (SME-SP).

Também é autora de diversos artigos publicados em revistas especializadas, como "Alfabetização hoje" (*Revista Pedagógica Língua Portuguesa* – Ensino Fundamental, Seduc/SisPae, Pacto pela Educação do Pará, 2015), e "A aprendizagem do sistema de escrita" (revista *Veras*, São Paulo, v. 6, n. 1, jan./jun. 2016).

Este livro foi composto em Minion Pro
e impresso em papel Avena 80g/m2
nas oficinas da Pifferprint
no inverno de 2025.